Harald Scheerer
Reden müsste man können

Harald Scheerer

Reden müsste man können
Wie Sie durch Ihr Sprechen gewinnen

Bibliografische Information der Deutschen Nationalbibliothek

Die Deutsche Nationalbibliothek verzeichnet diese Publikation in der
Deutschen Nationalbibliografie; detaillierte bibliografische Daten sind
im Internet über http://dnb.d-nb.de abrufbar.

ISBN 978-3-86936-058-4

Lektorat: Susanne von Ahn, Hasloh
Umschlaggestaltung: Martin Zech Design, Bremen | www.martinzech.de
Titelbild und Illustrationen: K.-H. Schrörs, Köln
Satz und Layout: Das Herstellungsbüro, Hamburg | www.buch-herstellungsbuero.de
Druck und Bindung: Salzland Druck, Staßfurt

© 1995 und 2010 GABAL Verlag GmbH, Offenbach
Völlig überarbeitete 10. Neuauflage
Alle Rechte vorbehalten. Vervielfältigung, auch auszugsweise,
nur mit schriftlicher Genehmigung des Verlages.

www.gabal-verlag.de
Abonnieren Sie den GABAL-Newsletter unter:
newsletter@gabal-verlag.de

Inhalt

Einstimmung 7

1. Durch partnerfreundliches Verhalten können Sie sich voll entfalten 10

Das Recht auf (s)eine eigene Meinung 10
Partnerfreundlich zugehört hat noch niemanden gestört 15
Partnerfreundlich eingefühlt hat schon manchen Schmerz gekühlt 21
Partnerfreundlich formulieren lässt den Partner applaudieren 31
Partnerfreundlich fragen lässt »ja« den Partner sagen 46

2. Sie stören beim Hören 48

Wie man in den Wald hineinruft … 48
Aggressionen niemals lohnen 52
Der Stimme Klang macht manchen bang 54
Redner, die nuscheln, ärgern die Hörer 58
Wer leise spricht, den(m) hört man nicht (zu) 60
Monoton weckt Spott und Hohn 62
Lass Pausen »sprechen« 63
»Äh« – eine – äh – (un)verschämte – äh – Zumutung 70
Wie du kommst gegangen, so wirst du empfangen 71

3. Rede, Vortrag, Referat, Präsentation – alle leben vom Reden 83

Was will ich erreichen und bei wem? 83
Die Stufenleiter zum Redeerfolg 86

Manuskript? Stichworte? Stegreif?   **100**
Die Angst des Redners beim Reden   **107**
Eine Rede mal so, mal so – zwei Beispiele   **116**
Reden und essen – ein heiterer Vergleich   **120**

4. Die Verhandlung   122
Das Machtdiktat – eine (all)gemeine Versuchung   **122**
Wie weit kann ich gehen?   **129**
Unangenehmes sagen? Unangenehm!   **135**
Beispiele zum Abgewöhnen   **138**

5. Partnerfreundlich führen heißt: Zum Menschen reden, nicht zur Sache   157

6. Sie können sich ändern, wenn Sie nur wollen   162

Über den Autor   **164**
Stichwortverzeichnis   **165**

Einstimmung

»Reden ist Gold, Silber, Blech – je nach Erfolg.«

Eine Mahnung vorab: Reden heißt die Macht des Wortes einsetzen. Macht kann missbraucht werden, auch die des Wortes. Wenn Sie diese Macht benutzen, um einen Gegner zu besiegen, dann schaffen Sie sich Feinde. Wenn Sie diesen Gegner durch Ihr Sprechen gewinnen, gewinnen Sie Sympathie. So einfach ist das.

Die Macht des Wortes

Warum müssen Sie »reden« können? Weil Sie Ziele haben, die Sie erreichen wollen. Dieses Buch beschäftigt sich mit den Wegen, auf denen Sie Ihre Redeziele gewaltlos und dadurch schnell erreichen können. Das ist längst nicht so kompliziert, wie einige von Ihnen vielleicht fürchten. Denn, dies sei gleich zu Anfang gesagt: Alle Redevorhaben haben dasselbe Ziel. Das wundert Sie vermutlich, denn jede Rede, jede Präsentation, jeder Vortrag, jedes Referat hat doch andere Inhalte. Da müssten doch auch die Ziele ganz unterschiedlich sein?

Das Ziel allen Sprechens ist Zuhören

Zunächst möchte ich mit einem weitverbreiteten Irrglauben aufräumen: Rede, Präsentation, Vortrag, Referat sind verschiedene Namen für dieselbe Sache. Es sind Instrumente, mit denen Sie andere beeinflussen wollen. Mit jedem dieser Werkzeuge müssen Sie zunächst nur ein einziges Ziel erreichen: Ihre Zuhörer zum Zuhören bringen. Deshalb ist – trotz der unterschiedlichen Inhalte – das mit jedem dieser Instrumente angestrebte Ziel dasselbe: Zuhören! Erst wenn Sie dieses Ziel – Zuhören – erreicht haben, können die Inhalte der Reden und Verhandlungen ins Bewusstsein der Hörer eindringen, erst dann können die Zuhörer und Partner verstehen. Und erst wenn sie verstanden haben, können sie innerlich dazu Stellung nehmen und den Inhalt bejahen. Zusammengefasst:

Zuhörziel: Möglichst viele sollen zuhören.

Inhaltsziel: Möglichst viele sollen den Inhalt verstehen und bejahen.

Wichtig: Das Erreichen des Inhaltsziels hängt ab vom Erreichen des Zuhörziels – ohne Zuhörziel kein Inhaltsziel!

Wie erreichen Sie nun diese Ziele möglichst
- gewaltfrei,
- leicht,
- dauerhaft?

Das, was ich Ihnen vorschlage, ist kein Rezept, sondern eine wichtige Veränderung Ihrer Einstellung und damit Ihres Verhaltens gegenüber Ihren Kommunikationspartnern. Ich nenne es das *partnerfreundliche Verhalten*. Philosophen der Antike und Scholastiker des Mittelalters sollen diese Einstellung schon gekannt haben, die es möglich macht, in kontroversen Gesprächen den oder die Gesprächspartner dazu zu bringen, gern oder ohne großen Widerstand das zu tun, was der Gesprächsführer will. Warum diese Haltung sich nie allgemein durchsetzen konnte, kann hier nicht erörtert werden. Ich stelle sie Ihnen vor, erläutere sie und empfehle sie Ihnen als wichtigsten Baustein für erfolgreiches Reden und Verhandeln.

Schon in der Antike bekannt: *partnerfreundliches Verhalten*

Die in diesem Buch beschriebenen Erfolgsregeln des partnerfreundlichen Verhaltens gelten für jede Rede, jedes Gespräch und für jede Verhandlung – also für jeden Umgang mit Menschen in jedem Lebensbereich, nicht nur fürs Management.

Sie gelten ganz besonders auch in der Schule, was mir sehr am Herzen liegt. Nur wenige Kinder gehen gerne in die Schule (was wohl zum guten Teil auf schlechte »Kommunikation« zurückzuführen ist). Infolgedessen ist die Zuhörbereitschaft vieler Schüler gering. Wenn das, was manche gar nicht hören wollen, zudem so vorgetragen wird, dass man sich anstrengen muss, es zu verstehen, dann versuchen sie es gar nicht erst! Auch Schüler wollen es leicht und angenehm haben, zuzuhören. Das Vermittelte soll Spaß machen, muss spannend und interessant sein. Und es muss immer wieder den Nutzen, den das Kind davon hat, wenn es zuhört, an lebhaften Beispielen betonen. Mit solchermaßen ausgebildeten Lehrern wäre »Pisa« für unsere Kinder kein Problem. Denn: Nicht die Menge des Wissens, sondern die Fähigkeit, dieses Wissen weiterzugeben, zu »kommunizieren«, wie man auf Neudeutsch sagt, ist ausschlaggebend für die Qualität eines Lehrers.

Sie können somit das, was Sie in diesem Buch lesen, auf jede andere Kommunikationssituation leicht übertragen.

1. Durch partnerfreundliches Verhalten können Sie sich voll entfalten

»*Die Würde des Menschen ist unantastbar.*«
GRUNDGESETZ

Das Recht auf (s)eine eigene Meinung

Ein Beispiel zu Beginn

Sie haben einen guten Bekannten, der gern Tennis spielt. Sie selbst spielen Golf und wollen – aus welchem Grund auch immer – diesen Bekannten dazu bewegen, auch Golf zu spielen.

Sie beginnen folgendermaßen:
»Also, ich weiß nicht, Tennis ist doch eine langweilige Sache. Einen Ball immer hin und her zu schlagen, darauf zu warten, bis der andere vielleicht mal ins Aus schlägt oder danebenhaut, immer in diesem Viereck herumzulaufen, nur den Ball, den Gegner und das Feld anzusehen – ich könnte mir weiß Gott Besseres vorstellen. Da ist Golf doch etwas ganz anderes! …« usw.

Sie könnten aber auch so beginnen:
»Ich weiß, dass du gerne Tennis spielst. Das ist eine feine Sache, wenn man so gut spielt wie du. Gute Tennisspiele sehe ich mir immer gerne an. Aber ich würde mich freuen, wenn du auch mal Golf versuchen würdest. Golf hat …« usw.

Bitte überlegen Sie, bei welchem dieser beiden Einstiege Ihr Gesprächspartner lieber und aufmerksamer zuhören würde.

Ich bin ziemlich sicher, dass es der zweite ist. Warum? Weil Ihr erster Einstieg den Interessen und dem seelischen Wohlbefinden des angesprochenen Bekannten völlig entgegenläuft, denn:

- Sie erzeugen eine aggressive Atmosphäre.
- Sie nehmen die Meinung des anderen nicht ernst.
- Sie verletzen mit abwertenden Formulierungen sein Selbstwertgefühl.

Sie wissen genau, dass Ihr Gesprächspartner gut und gerne Tennis spielt. Trotzdem sagen Sie: »*Tennis ist doch eine langweilige Sache.*« Damit zeigen Sie deutlich, dass Sie seine Meinung (»*Tennis spiele ich gerne*«) nicht respektieren, nicht ernst nehmen. Darüber hinaus wurde dieser Einstieg *partnerfeindlich* formuliert; Sie sagen nämlich indirekt, aber sehr deutlich: »*Was bist du doch für ein Depp, dass du Tennis spielst!*« Beides freut Ihren Bekannten nicht, verletzt sein Selbstwertgefühl und bringt ihn gegen Sie auf. Dadurch steht er Ihnen verärgert, vielleicht sogar feindselig gegenüber und betrachtet alles, was Sie ihm zu sagen haben, weitgehend negativ. Ihr Inhaltsziel, ihn für das Golfspiel zu interessieren, können Sie getrost vergessen.

Partnerfeindliches Verhalten ist kontraproduktiv

Ganz anders verhält es sich beim zweiten Einstieg: »*Ich weiß, dass du gerne Tennis spielst. Das ist sicher eine feine Sache ...*« Jetzt respektieren Sie seine Meinung (»*Tennis ist fein*«) und Sie formulieren auch weiterhin durchweg partnerfreundlich, also so, dass er gerne zuhört. Dadurch mag Ihr Gesprächspartner Sie, findet Sie okay und ist aufgeschlossen, Sie anzuhören. Die Atmosphäre ist völlig aggressionsfrei. Ob Sie ihn dann überzeugen können, bleibt natürlich Ihren Argumenten und der Art und Weise, wie Sie diese vortragen, überlassen.

Partnerfreundlich geht es besser

Wir entnehmen diesem Beispiel folgende Erkenntnisse:

- Jeder Mensch legt großen Wert darauf, dass seine Meinung ernst genommen, also respektiert wird.

- Je besser Ihr Gesprächspartner Sie leiden mag, je mehr er Sie achtet, je positiver Sie als Mensch auf ihn wirken, desto leichter haben Sie es, ihn von Ihrer Meinung oder Absicht zu überzeugen. (Sie erreichen so Zuhörziel und Inhaltsziel.)

Jetzt lösen wir uns vom Beispiel und kommen zum Kernsatz des partnerfreundlichen Verhaltens:

Zeige einem Menschen, dass du seine Meinung ernst nimmst, und er tut meist das, was du von ihm willst.

Sie müssen es ehrlich meinen

»Nun, das ist ja fein«, wird jetzt mancher von Ihnen sagen. »Nur ein bisschen freundlich sein, schon setze ich mich problemlos durch!« So leicht ist es leider nicht. Das partnerfreundliche Verhalten ist nämlich keine »Masche«, sondern eine Lebenshaltung. Wenn Sie nicht durchdrungen davon sind, dass jeder Mensch ein Recht auf seine eigene Meinung hat, dann ist Ihre »Freundlichkeit« unglaubwürdig. Selbst wenn diese *andere* Meinung Ihnen sehr befremdlich, ja, völlig blödsinnig vorkommt, so gibt Ihnen das kein Recht, sie nicht ernst zu nehmen. Der andere hat das Recht auf seine Meinung, auch wenn sie Ihnen nicht passt! Jeder hat das Recht auf seine Meinung! Das steht schon im Grundgesetz.

Es wird allerdings voraussichtlich einige Zeit dauern, bis Sie sich wirklich dazu durchgerungen haben werden, einem anderen Menschen das Recht auf (s)eine Meinung zuzugestehen, vor allem dann, wenn diese von Ihrer Ansicht abweicht. Jeder von uns nimmt zwar dieses Recht auf eine eigene Meinung für sich in Anspruch, aber wehe, ein anderer hält dagegen! Dann ist nicht nur unser Selbstwertgefühl verletzt, sondern wir werden oft wütend und sogar ausfallend. Oder aber – wenn dieser »unverschämte« Gesprächspartner stärker und mächtiger ist als wir (auch Sie haben Vorgesetzte!) – wir sind ganz still, verschließen Schmerz und Ärger tief in der Brust und warten auf einen günstigen Augenblick (oft unbewusst), es dem anderen heimzuzahlen und uns zu rächen –

offen oder versteckt. Es liegt auf der Hand, dass vom Moment einer solchen Verletzung an nicht mehr oder nicht mehr richtig zugehört wird.

Hält mich mein Gesprächspartner (bei Verhandlungen) oder mein Zuhörer (bei Reden) hingegen für sympathisch, kompetent, vertrauenswürdig, mag er mich im Augenblick der Kommunikation gut leiden, dann ist er bereit, mir zuzuhören. Das geht uns allen so: Wen wir mögen, der hat unser Ohr. Diesen Zustand erreichen Sie verhältnismäßig leicht durch partnerfreundliches Verhalten. Dazu gehört:

- dass Sie sich bemühen, dem Partner das Zuhören angenehm und leicht zu machen,
- dass Sie eine von der Ihren abweichende Meinung des anderen respektieren.

Um keine Missverständnisse aufkommen zu lassen:

Eine andere Meinung zu respektieren und somit ernst zu nehmen bedeutet *nicht*, diese Meinung zu akzeptieren!

Sie dürfen sie klar ablehnen, sie jedoch nicht schlechtmachen, vom Tisch wischen, angreifen, bagatellisieren, und vor allem dürfen Sie nicht den Menschen angreifen, der diese Meinung geäußert hat. Wenn Sie anderer Ansicht sind als Ihr Gesprächspartner, könnten Sie zum Beispiel so antworten: *»Okay, das ist Ihre Meinung. Ich sehe das allerdings ganz anders, denn ...«*

Auf diese Weise wird über die (falsche!?) Meinung des anderen überhaupt nicht gesprochen, also auch nicht gestritten. Es kommt keine Aggression auf, der Partner mag Sie, weil Sie seine Meinung nicht schlechtmachen, und er ist durchaus aufgeschlossen, sich jetzt Ihre Ansicht anzuhören. Was wollen Sie mehr?

Jeder hat das Recht auf seine Meinung – jeder!

Grundvoraussetzung ist, dass Sie Ihren oder Ihre Partner bei einem kontroversen Gespräch nicht innerlich ablehnen, weil diese anderer Meinung sind als Sie. Denken Sie immer daran, dass jeder, aber auch wirklich jeder das Recht hat, eine eigene Ansicht zu vertreten – auch Sie, auch Ihr Gesprächspartner, auch Ihr Mitarbeiter, auch Ihr Vorgesetzter, auch Ihr Kunde, auch Ihr Lieferant, auch Ihr Partner, auch Ihre Kinder …

Warum sollten Sie die Haltung anderer anerkennen? Weil das Gegenteil, dem anderen kein Recht auf eine eigene Meinung einzuräumen, diesen zum »Unmenschen« degradiert. Ihr Verhalten wäre menschenverachtend. Und weil es Ihnen dann viel leichter fällt, partnerfreundlich zu sprechen, also so, dass andere Ihnen gern zuhören. Wenn man Ihnen gern zuhört, dann besteht die große Chance, dass Ihre Argumente wirken, überzeugen und Ihre Partner das tun, was Sie von ihnen wollen. Selbst wenn Ihre Zuhörer Ihren Standpunkt ablehnen, gibt es bei großer Sympathie auf beiden Seiten immer noch die Möglichkeit, dass diese sich trotzdem Ihrer Meinung anschließen, weil man Ihnen »einen Gefallen tun« möchte.

Um partnerfreundlich zu agieren, müssen Sie bei Vorbereitung und Durchführung aller Gespräche und Vorträge stets auf eines achten: Form und Inhalt des Gesprochenen sollen eindeutig sein, die Formulierung des Inhalts darf keine Missverständnisse aufkommen lassen. Machen Sie es Ihrem Gegenüber so leicht und angenehm wie möglich, Ihnen zuzuhören (Zuhörziel). Das gilt übrigens für jeden Partner: für denjenigen, der hierarchisch über Ihnen steht, wie auch für den Gleichgestellten oder den Ihnen Unterstellten. Sie müssen sich immer bemühen, partnerfreundlich zu sein, um zu überzeugen und so Ihr inhaltliches Ziel (Inhaltsziel) zu erreichen. Vermutlich haben Sie das in der Vergangenheit nicht immer für notwendig gehalten. Aber:

Wer etwas erreichen will, muss sich bemühen.

Selbstverständlich ist jede partnerfreundliche Haltung fehl am Platz, wenn Sie jemanden wirklich »besiegen« müssen. Das sollten Sie sich aber immer sehr gut überlegen – wegen der damit verbundenen Folgen, denn *»fast jeder Sieg zeugt neuen Krieg«*.

Manchmal geht's nicht

Nehmen wir an, Sie haben sich überwunden und gestehen anderen zu, eine eigene Meinung zu äußern, die Sie ernst nehmen. Wie können Sie diese neue, partnerfreundliche Einstellung Ihren Gesprächspartnern deutlich machen? Es nützt ja nichts, wenn Sie partnerfreundlich sind, und niemand merkt es. Der beste Weg, Ihre Haltung zu offenbaren, ist das *partnerfreundliche Zuhören*.

Wie »oute« ich mich?

Partnerfreundlich zugehört hat noch niemanden gestört

Bitte gehen Sie in sich: Wie verhalten Sie sich (manchmal?) insbesondere als Vorgesetzter, wenn ein Mitarbeiter etwas zu Ihnen sagt, das Sie nicht interessiert oder das Ihnen »gegen den Strich« geht? (Das Beispiel lässt sich auch auf Eltern und Kinder, Lehrer und Schüler und ähnliche Abhängigkeitsverhältnisse übertragen.)

- Sie schalten ab oder denken an etwas anderes.
- Sie unterbrechen ihn.
- Sie zeigen sich desinteressiert und sehen (zum Beispiel) aus dem Fenster.
- Sie sehen auf die Uhr.
- Sie trommeln mit den Fingern auf dem Tisch.
- usw.

Sie verhalten sich ganz und gar unfreundlich und damit *partnerfeindlich*. Ihr Gesprächspartner merkt dann bald, dass Sie das, was er sagt, nicht interessiert oder dass Sie es sogar ablehnen. Sie würden das im umgekehrten Fall ja auch mer-

ken. Natürlich freut er sich nicht darüber, genauso wenig, wie Sie sich selbst darüber freuen würden. Es handelt sich hier ganz eindeutig um körpersprachliche Signale, eine Art körpersprachliche Demonstration der »Arroganz der Macht«, auf die ich noch zu sprechen komme. Diese Signale werden fast nur von »Führenden« gesendet, die keinen Widerspruch zu fürchten brauchen, die jedoch dadurch oft die Chance verspielen, die »Untergebenen« für ihre Meinung zu gewinnen. Sie brauchen aber die anderen, etwa Ihre Mitarbeiter. Ohne diese erreichen Sie Ihre Ziele nicht. Warum sie also verletzen? Eine relativ kleine Verhaltensänderung Ihrerseits – und schon besteht die Möglichkeit, sie für Sie und Ihre Ziele zu gewinnen – durch Zuhören.

Zuhören allein genügt allerdings nicht. Sie müssen Ihrem Partner *zeigen*, dass Sie ihm zuhören, sonst erkennt er es nicht.

Sichtbar zuhören

- Sehen Sie ihn an, wenn er zu Ihnen spricht.
- Zeigen Sie eine aufmerksame Miene.
- Lassen Sie Ihr Gegenüber durch Kopfschütteln, Nicken, Achselzucken, Lächeln usw. merken, dass Sie am Ball sind, dass Sie sich für das interessieren, was der andere sagt, dass Sie also seine Meinung ernst nehmen, auch wenn Sie diese nicht teilen.

Das freut Ihren Gesprächspartner, das nimmt ihn für Sie ein. Das schafft eine positive Beziehungsebene und baut ein »Sympathiefeld« auf.

Das macht ihm auch Mut, noch mehr von sich mitzuteilen. Und je mehr Sie von ihm erfahren und über ihn wissen, je besser Sie seine Meinung kennen, umso eher können Sie, wenn nötig, dagegenargumentieren.

Eine weitere Möglichkeit, Ihrem Gesprächspartner deutlich zu machen, dass Sie zuhören, ist das partnerfreundliche Rückmelden. An den richtigen Stellen eingesetzt, signalisiert es Ihrem Gegenüber: »*Ich habe dich verstanden.*« Darüber hinaus zeigt es eventuell sogar die Bereitschaft zu einem Kompromiss. Sie haben vielleicht schon einmal an sich selbst beobachtet, dass Sie bei einem Gespräch, einer Diskussion oder einer Verhandlung angenehm berührt waren, wenn Ihr Gesprächspartner etwas von dem wiederholte, was Sie gerade gesagt hatten. Sie hatten das Gefühl: »*Der ist aber aufmerksam, der interessiert sich für das, was ich sage, der nimmt meine Meinung ernst.*« Und schon fanden Sie ihn recht angenehm und waren bereit, auch ihn anzuhören.

Partnerfreundliche Rückmeldung

So oder so ähnlich geht es fast jedem Menschen. Die »Technik« der partnerfreundlichen Rückmeldung ist einfach: Sie unterbrechen Ihren Gesprächspartner – möglichst am Ende eines Gedankengangs –, um dann mit Ihren eigenen Worten das zu wiederholen, was er gerade gesagt hat. Sie leiten dieses Wiederholen ein mit Redewendungen wie:

- *»Wenn ich Sie richtig verstanden habe ...«*
- *»Sie meinen also ...«*
- *»Ihrer Ansicht nach ...«* usw.

Unterbrechungen werden normalerweise als ärgerlich empfunden, nur nicht in diesem Fall. Im Gegenteil. Fast jeder findet es angenehm, wenn Gedanken, die er gerade geäußert hat, wiederholt werden. Wichtig ist, dass Sie beim Rückmelden nicht durch Mienenspiel, Betonung oder Worte zu erkennen geben, wenn Sie mit dem, was der andere geäußert hat, nicht einverstanden sind. Ihre Wiederholung soll ganz neutral nur den Inhalt dessen wiedergeben, was gesagt wurde, ohne Entstellung oder Veränderung, mit Ihren eigenen Worten – eventuell abgekürzt und verdichtet. Nachdem Sie wiederholt haben, warten Sie, bis der andere seine Zustimmung äußert oder vielleicht doch widerspricht – erst dann antworten Sie auf das Gesagte.

Hier zwei Beispiele für die partnerfreundliche Rückmeldung:

Beispiel 1 Vorgesetzter: *»Ich bin in letzter Zeit gar nicht zufrieden mit Ihnen. Dauernd kommen Beschwerden bei mir an, dass Sie sich bei den Außenstellen wie ein kleiner Herrgott aufspielen. Wenn das Ihre Auffassung von Teamarbeit ist, dann bedanke ich mich!«*

Mitarbeiter: *»Wenn ich Sie richtig verstanden habe, sind Sie mit mir nicht mehr zufrieden. Es sind Beschwerden von Außenstellen über mich eingegangen, aus denen Sie entnehmen, dass ich es an der notwendigen Teamarbeit habe fehlen lassen. Ist das richtig?«*

Vorgesetzter: *»Ja, das habe ich gesagt.«*

Mitarbeiter: *»Es ist mir sehr unangenehm, dass dieser Eindruck entstanden ist. Das habe ich wirklich nicht gewollt. Es liegt wahrscheinlich daran, dass ich mich oft darüber ärgere, wenn unsere Vorschläge auf geringes Verständnis* *stoßen und die Kollegen wenig kooperativ sind. Da rastet man schon mal aus.«*

Statt sich aufzuregen, hat der Mitarbeiter das wiederholt, was sein Vorgesetzter gesagt hat. Damit hat er das Machtdiktat (von dem später noch die Rede sein wird) entschärft und der Führungskraft sozusagen »die Aggression aus dem Kopf genommen«. Nach der Rückmeldung und der Bestätigung durch den Chef antwortet er mit Ich-Aussagen (darüber berichte ich noch) und trifft mit seiner Antwort auf einen dadurch wesentlich milder gestimmten Gesprächspartner. Sie sehen, es geht nur darum, mit eigenen Worten, ohne Entstellung, das zu wiederholen, was der Partner sagte.

Sollte die Stimmung immer noch gereizt sein, könnten weitere Rückmeldungen helfen. Versuchen Sie es möglichst bald einmal. Vielleicht bei Ihrem nächsten kontroversen Gespräch mit Ihrer Frau, mit Ihren Kindern, Ihrem Chef, Ihrem Mitarbeiter. Es gelingt natürlich nicht immer – Menschen sind keine Maschinen, die auf Knopfdruck funktionieren –, aber meistens.

Beispiel 2

Werbefeind: »*Ich finde diesen ganzen Werberummel zum Auswachsen. Wo man hinsieht: Nur Reklame! Stellt man das Fernsehen an – Reklame! Die Zeitschriften bestehen fast nur noch aus Anzeigen und so weiter und so fort. Ich meine, das gehört verboten. Wir wissen doch allein, was wir wollen und was wir brauchen. Die wollen uns doch mit ihrer Werbung bloß manipulieren, damit wir etwas kaufen, was wir gar nicht brauchen.*«

Werbefreund (der ganz anderer Auffassung ist, aber Aggressionen vermeiden will): »*Diese ganze Reklame oder Werbung stört dich. Du bist der Auffassung, Werbung gehöre verboten. Wir wüssten schließlich allein, was für uns gut ist, und brauchten uns deshalb nicht durch Werbung verleiten zu lassen, etwas zu kaufen, was wir gar nicht wollen. Ist das richtig?*«

Werbefeind: »*Ja, durchaus, so ist es!*«

Werbefreund: »*Da bin ich etwas anderer Meinung. Ohne Werbung wüssten wir über viele nützliche Dinge überhaupt nicht Bescheid. Außerdem macht die Werbung interessante Artikel so bekannt, dass sie häufiger gekauft werden. Dadurch können sie in größeren Stückzahlen hergestellt und so billiger angeboten werden. Außerdem ...*«

Sie sehen, durch die partnerfreundliche Rückmeldung bleibt – trotz gegensätzlicher Meinungen – das Gespräch aggressionsfrei. Natürlich können Sie das partnerfreundliche Rückmelden nicht ein ganzes Gespräch hindurch anwenden. Ihr Partner wäre irritiert. Außerdem würde der Austausch dadurch sehr in die Länge gezogen. Im Gegensatz zu allen auf »Sieg« getrimmten pseudodialektischen Gesprächstechniken lässt sich die partnerfreundliche Rückmeldung von beiden Gesprächspartnern – sogar gleichzeitig – anwenden, denn sie dient ja nicht der unlauteren Manipulation oder dem Mundtot-Machen des Partners.

Wann Sie partnerfreundlich rückmelden sollten

Bei welchen Gelegenheiten sollten Sie nun die partnerfreundliche Rückmeldung einsetzen, wenn sie schon nicht durchgängig anwendbar ist?

- Wenn ein Gespräch droht, scharf zu werden und außer Kontrolle zu geraten. (Die Spannung legt sich dadurch.)
- Wenn das Verhandlungsklima unterkühlt ist. (Die Atmosphäre wird wärmer.)
- Wenn Sie etwas nicht richtig verstanden haben oder Ihr Partner sich unklar ausgedrückt hat. (Durch Ihre Rückmeldung, die ja in diesem Fall nicht korrekt wiedergibt, was der andere gesagt hat, wird Ihr Partner veranlasst, sich deutlicher auszudrücken.)
- Wenn Sie noch nicht genau wissen, was Sie antworten sollen. (Während Sie wiederholen, haben Sie Zeit zu überlegen.)
- Wenn Sie den Partner unterbrechen wollen, ohne ihn zu verärgern. (Über die Wiederholung dessen, was er gesagt hat, freut sich Ihr Partner.)

- Und noch eine Möglichkeit: Wenn Sie wollen, dass Ihr Partner weiterspricht, also noch mehr sagt, dann wiederholen Sie, was er bisher geäußert hat, ohne darauf zu antworten. (Er hat dann das Gefühl, Sie noch nicht ausreichend informiert zu haben.)

Es gibt noch eine Reihe weiterer partnerfreundlicher Verhaltensweisen und Maßnamen, die dabei helfen, sich Gesprächspartner und Zuhörer geneigt zu machen. Darum geht es in den folgenden Kapiteln.

Partnerfreundlich eingefühlt hat schon manchen Schmerz gekühlt

Das partnerfreundliche Einfühlen, auch empathisches Verhalten genannt, hat eine gewisse Ähnlichkeit mit der partnerfreundlichen Rückmeldung. Der Unterschied besteht vor allem darin, dass Sie versuchen, bei der Wiederholung (Rückmeldung) mehr auf die Gefühle einzugehen, die hinter den Sätzen des Gesprächspartners stehen könnten, nicht so sehr auf die genauen Worte, die Ihr Gegenüber geäußert hat. Das erreichen Sie am besten dadurch, dass Sie Ihre Wiederholung mit Worten beginnen wie:

- *»Du hast also das Gefühl, dass ...«*;
- *»Du meinst also, dass ...«*;
- *»Sie fühlen sich ...«* oder ähnlich.

Sie beschreiben lediglich das Gefühl des anderen, ohne zu antworten. Sie werden sehen, dass Sie sehr schnell lernen, die Empfindungen zu erkennen, die hinter den Worten des Partners stecken. Sollten Sie wirklich einmal danebentippen, so korrigiert der Angesprochene dies meistens und nennt seine wahren Gefühle.

Welche Vorteile bringt das partnerfreundliche Einfühlen? Sie erreichen, dass Ihr Gegenüber sich bei persönlichen, gefühlsbeladenen Schwierigkeiten oft überhaupt selbst erst darüber klar wird, was denn die Ursachen dieser Probleme sind. In vielen Fällen wird auch Ihnen jetzt erst deutlich, was die ganzen Schwierigkeiten verursacht, und Sie wissen dann vielleicht, wo Sie ansetzen müssen, um Ihren Partner dazu zu bringen, sie zu beseitigen. Ihr Gesprächspartner registriert, dass Sie sein Anliegen ernst nehmen, dass Sie ihm helfen wollen. Das schafft eine positive Atmosphäre und hilft Ihnen, Ihr Gesprächsziel zu erreichen.

Gefühle sind Fakten Viele von uns tun sich schwer, über Gefühle zu reden. Das war in unserer Ausbildung nicht vorgesehen. Das ist bedauerlich, denn Gefühle sind harte Fakten und müssen registriert und berücksichtigt werden. Wenn es Ihnen gelingt, Ihren Gesprächspartner, der Probleme hat oder sogar in einer Krise steckt, partnerfreundlich davon zu überzeugen, dass Sie sich für seine Gefühle interessieren, dann öffnet er sich fast immer und macht so den Weg frei zu einem Gespräch über die wahren Ursachen seiner Schwierigkeiten (die zumeist auch Ihre Schwierigkeiten sind).

Noch ein ganz wichtiger Hinweis: Das ausgesprochene (verbalisierte) Ergebnis Ihres partnerfreundlichen Einfühlens sollte völlig neutral sein. Sagen Sie also nicht: »*Du armer Mensch, du leidest wohl schrecklich unter diesen fatalen Umständen ...*«, sondern: »*Die ganzen Umstände belasten dich ...*«. Bitte achten Sie bei aller Empathie auf Folgendes:

- Sie dürfen den Partner nicht seelisch zerlegen,
- seine Situation nicht analysieren,
- keine psychologischen Betrachtungen anstellen,
- das vom Partner Gesagte und die ganze Situation nicht bewerten,
- keinerlei Schlüsse und Folgerungen aus dem Gesagten ziehen.

Sie sollen Verständnis signalisieren, nicht den anderen gleich in eine Schublade stecken. Um Ihnen zu zeigen, wie einfach es ist, sich partnerfreundlich einzufühlen, eine kleine Übung:

ÜBUNG

Es folgen Äußerungen aus verschiedenen Gesprächssituationen, die alle gefühlsbeladen sind. Bitte stellen Sie sich die Situation vor und auch den Ton, in dem diese Äußerungen gesprochen worden sein könnten. Danach kreuzen Sie bitte die Antwort an, die Sie für eine wirklich wertfreie Beschreibung der Gefühle des gedachten Sprechers halten.

1. Aussage eines gedachten Gesprächspartners
   (Ihr Ehepartner):
   »*Wir hätten vielleicht doch nicht heiraten sollen, es ist heute alles so anders ...*«

Mögliche Antworten:
a) »*Das kommt dir nur so vor. Es kommt bestimmt wieder alles in Ordnung!*«
b) »*Was willst du eigentlich? Es geht uns doch sehr gut!*«
c) »*Du bist enttäuscht ...*«
d) »*Das ist doch alles nicht so schlimm. Du steigerst dich da bloß in etwas hinein.*«

2. Aussage eines gedachten Gesprächspartners
   (Ihr Mitarbeiter):
   »*Ich kann wirklich nicht mehr tun als arbeiten. Schließlich bin ich ja kein Roboter.*«

Mögliche Antworten:
a) »*Arbeiten müssen andere auch. Es kommt schließlich auf das ›Wie‹ an.*«
b) »*Aber stellen Sie sich doch nicht so an. So schlimm ist es doch gar nicht!*«

c) *»Kopf hoch! Das müssen Sie einfach durchstehen.«*
d) *»Sie fühlen sich überfordert.«*

3. Aussage eines gedachten Gesprächspartners
   (Ihr Nachbar, ein Schriftsteller):
   »Dieser Lärm ist ja unerträglich. Wenn er nicht bald aufhört, muss ich die Polizei rufen!«

Mögliche Antworten:
a) *»Tun Sie, was Sie nicht lassen können!«*
b) *»Als ob es bei Ihnen immer ruhig ist.«*
c) *»Bei dem Lärm können Sie sich nicht konzentrieren, nicht wahr?*
d) *»Einmal im Jahr darf man ja wohl ein Fest feiern!«*

4. Aussage eines gedachten Gesprächspartners
   (die Lehrerin oder der Lehrer Ihres Kindes):
   »Manchmal halte ich es wirklich nicht mehr aus. Ihr Kind stört den Unterricht fortwährend.«

Mögliche Antworten:
a) *»Mein Kind tut doch so was nicht!«*
b) *»Das ist für Sie sicher eine große Belastung!«*
c) *»Zu Hause ist das Kind aber immer ganz artig!«*
d) *»Vielleicht gehen Sie nicht ganz richtig mit dem Kind um?«*

Wir wollen jetzt alle Antworten der Reihe nach durchgehen:

AUSSAGE 1.: *»Wir hätten vielleicht doch nicht heiraten sollen. Heute ist alles so anders ...«*

Antwort a) *»Das kommt dir nur so vor. Es kommt bestimmt wieder alles in Ordnung!«*
Diese Antwort würde ich nicht ankreuzen. Sie geht überhaupt nicht auf die Gefühle des Partners ein, sondern versucht lediglich zu beschwichtigen.

Antwort b) »*Was willst du eigentlich? Uns geht es doch sehr gut!*«
Diese Erwiderung zeugt von völliger Verständnislosigkeit für die Gefühle des Partners.

Antwort c) »*Du bist enttäuscht* ...«
Diese Antwort würde ich wählen. Sie trifft vermutlich genau die Gefühlslage des Partners und signalisiert ihm Verständnis. Bei dieser Antwort kommt es wahrscheinlich zu einem weiterführenden Gespräch und zum Einkreisen des Problems, das dann eventuell gelöst werden kann.

Antwort d) »*Das ist doch alles nicht so schlimm. Du steigerst dich da bloß in etwas hinein.*«
Diese Erwiderung bagatellisiert Problem und Gefühl des Partners und enthält einen Vorwurf. Sie ist nicht ratsam.

AUSSAGE 2: »*Ich kann wirklich nicht mehr tun als arbeiten. Schließlich bin ich ja kein Roboter.*«

Antwort a) »*Arbeiten müssen andere auch. Es kommt schließlich auf das ›Wie‹ an.*«
So würde ich nicht antworten. Der Sprecher erhebt einen Vorwurf ohne Rücksicht auf Gefühle.

Antwort b) »*Aber stellen Sie sich doch nicht so an. So schlimm ist es doch gar nicht!*«
Diese Antwort bestreitet die Berechtigung des Gefühls und enthält wiederum einen Vorwurf.

Antwort c) »*Kopf hoch! Das müssen Sie einfach durchstehen!*«
Dies ist ein billiger Ratschlag, der keine Rücksicht auf die Gefühle des Partners nimmt. Er ist ungeeignet, um das Gespräch sinnvoll fortzusetzen.

Antwort d) »*Sie fühlen sich überfordert ...*«
Diese Antwort würde ich ankreuzen. Sie trifft wahrscheinlich die genaue Gefühlslage des Partners ohne Wertung, ohne Analyse. Er könnte sich jetzt weiter aufschließen (da er sich verstanden fühlt) und man könnte gemeinsam auf Abhilfe sinnen.

AUSSAGE 3: »*Dieser Lärm ist ja unerträglich. Wenn er nicht bald aufhört, muss ich die Polizei rufen!*«

Antwort a) »*Tun Sie, was Sie nicht lassen können.*«
Wer so reagiert, ignoriert das Gefühl des Partners und macht ihn noch wütender.

Antwort b) »*Als ob es bei Ihnen immer ruhig ist!*«
Diese Antwort bestreitet die Berechtigung des Partnergefühls und enthält einen Vorwurf. Sie ist ungünstig.

Antwort c) »*Bei dem Lärm können Sie sich nicht konzentrieren.*«
Diese Antwortmöglichkeit würde ich wählen. Sie geht ohne Kritik und Herabsetzung auf das Gefühl des anderen ein. Der Sprecher zeigt Verständnis und könnte eine Einigung herbeiführen.

Antwort d) »*Einmal im Jahr darf man ja wohl ein Fest feiern!*«
Auch diese Erwiderung streitet die Berechtigung des Partnergefühls ab.

AUSSAGE 4: »*Manchmal glaube ich, ich halte das nicht mehr aus. Ihr Kind stört den Unterricht fortwährend.*«

Antwort a) »*Mein Kind tut doch so was nicht!*«
Wer so antwortet, ignoriert das Gefühl des Partners völlig und bezichtigt ihn der Lüge.

Antwort b) »*Das ist für Sie sicher eine große Belastung.*«
Wenn Sie so reagieren, zeigen Sie Verständnis für das Gefühl des Partners und könnten dadurch ein klärendes Gespräch eröffnen.

Antwort c) »*Zu Hause ist unser Kind immer ganz artig.*«
Diese Antwort würde ich nicht ankreuzen. Sie enthält indirekt einen Vorwurf und bestreitet, dass das Empfinden des anderen berechtigt ist.

Antwort d) »*Vielleicht gehen Sie nicht richtig mit dem Kind um.*«
Hier macht der Antwortende einen Vorwurf, ohne auf die geäußerten Gefühle einzugehen.

Wie sah es bei Ihnen aus? Welche Antworten hatten Sie angekreuzt? Je mehr Übereinstimmung zwischen Ihren und meinen angekreuzten Reaktionen besteht, desto ausgeprägter ist Ihre Fähigkeit, die wirklichen Gefühle hinter den gesprochenen Worten zu sehen.

Allen Äußerungen der gedachten Gesprächspartner liegen Schwierigkeiten zugrunde. Eine einfühlsame Antwort, die das Gefühl des anderen anspricht und ihm vielleicht erst deutlich macht, wo etwas im Argen liegt, bringt ihn einer Lösung seines Problems näher. Das ist sehr erwünscht, denn Sie können das Gespräch erst in Ihrem Sinn zu Ende führen, wenn er und Sie erkannt haben, was ihm zu schaffen macht. Auf jeden Fall zeigt dieses partnerfreundliche Einfühlen Ihrem Gesprächspartner, dass Sie Verständnis für ihn haben, wodurch Ihnen die weitere Kommunikation erleichtert wird.

FORTSETZUNG DER ÜBUNG

Wir wollen die Übung fortsetzen, nur sollen Sie jetzt selbst antworten. Schreiben Sie bitte nach jeder Aussage des gedachten Gesprächspartners auf das freie Feld Ihre persönliche Antwort. Bitte denken Sie dabei daran: Ihre Antwort soll möglichst genau das Gefühl des anderen beschreiben, das hinter seinen Worten steckt.

1. Aussage eines gedachten Gesprächspartners
   (vielleicht Ihr Mann oder Ihre Frau):
   »*Ich bin es wirklich leid! Helga ist gestern Abend schon wieder so spät nach Hause gekommen.*«

Ihre Antwort:

_____

_____

2. Aussage eines gedachten Gesprächspartners
   (vielleicht Ihr Chef):
   »*Alle Mitarbeiter sehen zu, dass sie pünktlich nach Hause kommen. Und ich bleibe auf der Arbeit sitzen!*«

Ihre Antwort:

_____

_____

3. Aussage eines gedachten Gesprächspartners
   (vielleicht Ihr Kollege):
   »*Was mir der Alte da wieder aufgebrummt hat, das schaffe ich ja nie!*«

Ihre Antwort:

_____

_____

4. Aussage eines gedachten Gesprächspartners
   (vielleicht ein guter Bekannter):
   »*Ich werde ihn nie wieder um einen Gefallen bitten. Da komme ich mir ja wie ein Bettler vor!*«

Ihre Antwort:

_____

_____

5. Aussage eines gedachten Gesprächspartners
   (vielleicht ein Geschäftsfreund):
   »Zugegeben, auf dem Papier sieht das ja recht gut aus ...«

Ihre Antwort:

_____

_____

6. Aussage eines gedachten Gesprächspartners
   (vielleicht ein Vereinsfreund):
   »*Dem Lehmann? Dem ist doch völlig egal, was ich dazu sage!*«

Ihre Antwort:

_____

_____

Bitte bedenken Sie noch einmal, dass es nicht erlaubt ist, die Gefühle des Gesprächspartners zu bezweifeln, zu bewerten, zu analysieren, zu kritisieren, abzulehnen oder ihm Ratschläge zu erteilen. Es kommt allein darauf an, seine Gefühle möglichst genau zu beschreiben, um das Problem aufzudecken, das dahintersteckt, und um ihm deutlich zu zeigen, dass Sie ihn verstehen (auch dann, wenn Sie seine Gefühle nicht akzeptieren!).

FORTSETZUNG DER ÜBUNG

Hier sind die Antworten, die ich gegeben hätte:

1. Aussage eines gedachten Gesprächspartners:
   »*Ich bin es wirklich leid. Helga ist gestern Abend schon wieder so spät nach Hause gekommen!*«
   Meine Antwort: »*Das beunruhigt dich.*«

2. Aussage eines gedachten Gesprächspartners:
»Alle Mitarbeiter sehen zu, dass sie pünktlich nach Hause kommen. Und ich bleibe auf der Arbeit sitzen!«
Meine Antwort: *»Sie fühlen sich nicht ausreichend unterstützt.«*

3. Aussage eines gedachten Gesprächspartners:
»Was mir der Alte da wieder aufgebrummt hat, das schaffe ich ja nie!«
Meine Antwort: *»Du fühlst dich ausgenutzt.«*

4. Aussage eines gedachten Gesprächspartners:
»Ich werde ihn nie wieder um einen Gefallen bitten. Da komme ich mir wie ein Bettler vor!«
Meine Antwort: *»Du findest es unwürdig, dauernd fragen zu müssen.«*

5. Aussage eines gedachten Gesprächspartners:
»Zugegeben, auf dem Papier sieht das ja recht gut aus ...«
Meine Antwort: *»Aber so ganz einig sind Sie doch nicht damit.«*

6. Aussage eines gedachten Gesprächspartners:
»Der Lehmann? Dem ist doch völlig egal, was ich dazu sage!«
Meine Antwort: *»Du hast das Gefühl, nicht ernst genommen zu werden.«*

Ganz wichtig: Vertrauen

Diese meine Antworten sind für Sie natürlich nicht verbindlich. Sie könnten das Gefühl des Gesprächspartners auch mit ganz anderen Worten beschreiben. Dabei kommt es nicht unbedingt darauf an, das Empfinden des anderen genau zu treffen. Wenn Sie danebenliegen, merkt er trotzdem, dass Sie ihm wohlwollen, und rückt dann durchaus mit seinen wahren Gefühlen heraus. Wichtig ist, dass er Ihre Bemühungen spürt, ihn zu verstehen. Denn dann mag er Sie und reagiert positiv auf das, was Sie wollen. Eine Voraussetzung ist für das partnerfreundliche Einfühlen auf jeden Fall notwendig: ein Mindestmaß an gegenseitigem Vertrauen.

Partnerfreundlich formulieren lässt den Partner applaudieren

Wenn Sie Gesprächspartner und Zuhörer für sich und Ihre Meinung gewinnen wollen, dann sollten Sie sich in einer kontroversen Situation stets so äußern, wie der andere dies auch Ihnen gegenüber dürfte, ohne dass Ihr Selbstwertgefühl verletzt würde. Damit haben Sie eine gewisse Sicherheit, dass Sie auch sein Selbstwertgefühl nicht verletzen. Sie formulieren also *umkehrbar*. Das hat mit dem Inhalt der Aussage (Inhaltsziel) nichts zu tun, die muss exakt sein, Sie müssen sagen, was gesagt werden muss.

Ich bringe hier einige nicht umkehrbare Äußerungen und formuliere sie anschließend so um, dass sie umkehrbar sind:

Beispiele: Nicht umkehrbare Äußerungen und ihr Gegenteil

- *»Erledigen Sie das sofort.«* (Nicht umkehrbar)
- *»Wenn Sie das möglichst schnell erledigen, bringt es mehr ein.«* (Umkehrbar)

- *»Werden Sie denn nie klug?«* (Nicht umkehrbar)
- *»Ich ärgere mich, dass Sie schon wieder reingefallen sind.«* (Umkehrbar)

- *»Da haben Sie sich ja mal wieder mit Ruhm bekleckert!«* (Nicht umkehrbar)
- *»Ich bedaure, dass Ihnen das danebengegangen ist.«* (Umkehrbar)

- *»Ich hätte es gleich selbst machen sollen.«* (Nicht umkehrbar)
- *»Mit meiner Erfahrung hätten Sie es wahrscheinlich geschafft!«* (Umkehrbar)

- *»Kümmern Sie sich um Ihre eigenen Angelegenheiten!«* (Nicht umkehrbar)
- *»Es stört mich, wenn ich die Sache nicht allein regeln kann.«* (Umkehrbar)

- »*Ihre ewige Qualmerei ist zum Auswachsen!*«
  (Nicht umkehrbar)
- »*Ich wäre Ihnen dankbar, wenn wir uns auf bestimmte Rauchzeiten einigen könnten.*«
  (Umkehrbar)

- »*Glauben Sie denn, dass Sie immer alles richtig machen?*«
  (Nicht umkehrbar)
- »*Ihre Kritik empfinde ich als ungerecht.*«
  (Umkehrbar)

- »*Bitte unterlassen Sie das!*«
  (Nicht umkehrbar)
- »*Ich finde es nicht gut, wenn Sie das tun.*«
  (Umkehrbar)

Das sind Beispiele dafür, dass Sie kritische Äußerungen – ganz gleich, ob Sie Vorgesetzter oder »Untergebener« sind – umkehrbar formulieren können. Inhaltlich lassen sie auch in der umkehrbaren Form an Deutlichkeit nichts zu wünschen übrig; aber in der Form verletzen sie nicht. Durch solche partnerfreundlichen Formulierungen bleibt die Beziehungsebene positiver und die Chance, dass Sie sich durchsetzen, ist größer.

ÜBUNG

Es folgen eine Reihe von Äußerungen. Entscheiden Sie jeweils, ob sie umkehrbar sind oder nicht:

a) »*Ich finde das nicht gut.*«
b) »*Das ist doch großer Unsinn.*«
c) »*Das stimmt nicht!*«
d) »*Diese Meinung kann ich nicht teilen.*«
e) »*Da haben Sie mal wieder nicht nachgedacht.*«
f) »*Damit bin ich nicht einverstanden.*«
g) »*Aber so können Sie doch wirklich nicht vorgehen, mein Lieber!*«

h) »*Ich verstehe nicht, wie Sie zu dieser Meinung kommen.*«
i) »*Sie haben doch noch nie etwas Gescheites zustande gebracht!*«
k) »*Es tut mir leid, dass Sie diesen Eindruck haben.*«
l) »*Das ist doch Mist!*«
m) »*Ich glaube es nicht.*«
n) »*Ich sehe das anders.*«
o) »*Sie sehen das falsch.*«
p) »*Ich bin da optimistischer.*«
q) »*Ich würde nicht so spontan handeln.*«
r) »*Ich verbiete es Ihnen, das zu tun!*«
s) »*Ich würde das anders machen.*«
t) »*Ich halte dich für einen Lümmel!*«
u) »*Deine Art gefällt mir nicht.*«
v) »*Ich habe das Gefühl, Sie unterschätzen die Gefahr.*«
w) »*Das ist vielleicht ein Blödsinn!*«
x) »*Denken Sie doch, was Sie wollen!*«

Umkehrbar sind: a, d, f, h, k, m, n, p, q, s, u, v.

Zwei Beispiele zur selben Situation

An zwei Beispielen möchte ich nochmals demonstrieren, was eine umkehrbare Formulierung ausmacht – und wie das Gegenteil aussieht:

Partnerfeindliche Haltung des Vorgesetzten:
Vorgesetzter (zu Ihnen): »*Was Sie da wieder fabriziert haben, ist großer Mist. Wie oft habe ich Ihnen gesagt, ich will die Aufstellung alphabetisch geordnet haben, aber Sie begreifen einfach nicht!*«

Partnerfreundliche Haltung des Vorgesetzten:
Vorgesetzter (zu Ihnen): »*Mit Ihrer Aufstellung habe ich große Probleme. In dieser Reihenfolge ist sie wertlos, denn so kann ich sie nicht weitergeben. Wahrscheinlich habe ich mich bisher nicht deutlich genug ausgedrückt.*«

Sehen (oder hören) Sie den Unterschied? Die erste (partnerfeindliche, nicht umkehrbar formulierte) Fassung greift Ihre Person an und wirkt beleidigend und demotivierend. Es besteht die Gefahr, dass Ihr Selbstwertgefühl verletzt wird. Das ist keine gute Basis für Zusammenarbeit. Vielleicht werden Sie sich eines Tages sogar rächen. Sie empfinden Ihren Chef als »Kotzbrocken«. Die zweite (partnerfreundliche, umkehrbar formulierte) Version sagt inhaltlich genau dasselbe aus, aber sie beleidigt und demotiviert nicht, und Sie sehen vermutlich sogar ein, dass Sie einen Fehler gemacht haben. Jedoch finden Sie Ihren Chef trotzdem sympathisch.

Konfrontativ: negative Du-Aussagen

Viele Menschen neigen dazu, Dinge, die ihnen Ängste oder Ärger bereiten, als Vorwürfe zu formulieren und sie den scheinbaren oder wirklichen Verursachern als negative Du-Botschaften um die Ohren zu schlagen (»*Du hast mal wieder versagt ...*«, »*Sie sollten sich mehr zusammennehmen ...*«). Darüber ärgern sich nun die Angesprochenen ihrerseits und kontern ebenfalls mit negativen Du-Aussagen. Das führt zur Eskalation, die den (unerwünschten) negativen Ausgang des Gesprächs fast zwangsläufig herbeiführt. Diese negativen Du-Botschaften sind oft besonders verletzende Auswüchse des *Machtdiktats* (siehe Kapitel 4), also nicht umkehrbare Äußerungen eines Mächtigeren, denen man nicht widersprechen kann. Wie kommt es dazu?

Es ist immer wieder derselbe Zwangsablauf: Wir meinen, wir müssten gegenüber unserem Partner, zum Beispiel dem Mitarbeiter, recht haben, wollen ihn also »besiegen«. Oder wir ärgern uns über seine Äußerung und wollen ihm beweisen, dass unsere Meinung oder unsere Sicht des Problems richtig ist. Das führt unter annähernd Gleichstarken zum Krieg und bei einem Schwächeren (zum Beispiel einem Mitarbeiter) zur Frustration mit ihren schädlichen Auswirkungen (Resignation und/oder eventuell spätere Rache).

Ausgleichend: Ich-Aussagen

Wie vermeiden Sie diese negativen Du-Aussagen? Indem Sie an ihrer Stelle Ich-Aussagen verwenden. Mit Ich-Botschaften drücken Sie das aus, was Sie bewegt, Ihre Gefühle. Anstatt durch negative Du-Botschaften anzugreifen, teilen Sie dem Partner Ihre eigenen Empfindungen und Gedanken mit. Sie legen also Ihr Problem – und damit das, was Sie stört – offen auf den Tisch. Dadurch zwingen Sie den anderen, sich mit Ihrem Anliegen zu befassen. Die negative Du-Aussage dagegen verbirgt oder verdeckt Ihr Gefühl. Anstatt zu sagen, wie Ihnen zumute ist, klagen Sie den anderen an, formulieren Ihr Problem als Vorwurf an ihn und treiben ihn dadurch in eine Verteidigungshaltung (Aggression). Er reagiert mit negativen Gefühlen Ihnen gegenüber und lehnt mit Ihrer Person auch das ab, was Sie von ihm wollen.

An einigen Beispielen können Sie gut erkennen, wie Ich-Botschaften im Unterschied zu Du-Aussagen wirken:

Beispiele für Ich- und Du-Botschaften

- Lehrer (negative Du-Aussage): »*Du bist faul und dazu noch frech!*«
  Der Lehrer beschimpft das Kind (das sich nicht wehren kann!). Er verletzt dessen Selbstwertgefühl. Dadurch entstehen Trotz und Rachegefühle. Das ist gewiss keine Basis für besseres Lernen und Benehmen.
- Lehrer (Ich-Aussage): »*Ich ärgere mich, dass du viel weniger leistest, als du könntest. Außerdem ärgere ich mich über dein Benehmen.*«
  Das sind auch deutliche Rügen, aber sie verletzen nicht so.

- Meister (negative Du-Aussage): »*Los, los, stehen Sie nicht so faul herum!*«
  Der Meister hat sich vielleicht über etwas ganz anderes geärgert und lässt den Ärger am Lehrling aus. Der Auszubildende wird sich nach diesem Rüffel bestimmt nicht mit Feuereifer auf seine Arbeit stürzen; und das Verhältnis zum Meister wird sich dadurch auch nicht harmonischer gestalten. Wie sähe dagegen eine Ich-Aussage des Meisters aus?

- Meister (Ich-Aussage): »*Ich mag es nicht, wenn die Arbeit so lange liegen bleibt!*«
- Oder: »*Mir wäre es wirklich lieber, wenn Sie etwas schneller arbeiten würden.*«
Hier könnte der Meister noch eine Begründung anhängen, zum Beispiel: »*Sie wissen doch, dass die Arbeit morgen fertig sein muss.*«

- Vorgesetzter (negative Du-Aussage): »*Da haben Sie ja mal wieder nicht richtig gespurt!*«
Fast jeder Mitarbeiter ist gekränkt, wenn ihm so etwas gesagt wird. Und wer gekränkt ist, arbeitet nicht gern für den, der ihn gekränkt hat. Er wird sich vielleicht sogar heimlich rächen.
Stattdessen die Ich-Aussage:
- Vorgesetzter (Ich-Aussage): »*Ich halte das nicht für gut, was Sie gemacht haben.*«
- Oder: »*Ich ärgere mich darüber, dass Ihre Arbeit nicht den Anforderungen entspricht.*«

Glauben Sie nicht auch, dass ein als Ich-Aussage formulierter Tadel im Hinblick auf das Arbeitsklima – und auch sonst – wirksamer ist?

ÜBUNG

In jedem der folgenden Blöcke mit verschiedenen Aussagen ist eine Ich-Aussage enthalten. Welche ist das?

1. a) »*Lachen Sie nicht so!*«
   b) »*Ihr Lachen ärgert mich.*«
   c) »*Sie sind überheblich!*«
   d) »*Meinen Sie, dass man darüber lachen sollte?*«

2. a) »*Das stimmt nicht!*«
   b) »*Jetzt übertreiben Sie aber.*«

c) »*Ich sehe das ganz anders.*«
d) »*So schlimm ist es doch wirklich nicht.*«

3. a) »*Sie sind ungerecht.*«
   b) »*Ich fühle mich ungerecht behandelt*«
   c) »*Warum lassen Sie Ihren Ärger an mir aus?*«
   d) »*Ich kann doch nichts dafür!*«

4. a) »*Das nimmt Ihnen niemand ab!*«
   b) »*Das glauben Sie doch selber nicht!*«
   c) »*Können Sie das beweisen?*«
   d) »*Man kann doch nicht einfach etwas in den Raum stellen!*«
   e) »*Ich kann es einfach nicht glauben!*«

5. a) »*Sie können mich nicht zwingen, das zu tun!*«
   b) »*Meinen Sie wirklich, dass ich das tun sollte?*«
   c) »*So etwas tut man einfach nicht!*«
   d) »*Ich finde es wirklich nicht gut, das zu tun.*«

6. a) »*Ich verbitte mir diesen Ton!*«
   b) »*Durch Ihr Schreien wird es auch nicht besser!*«
   c) »*Ich fühle mich schlecht behandelt!*«
   d) »*Wenden Sie sich doch an meinen Chef!*«

Lösung: 1b, 2c, 3b, 4e, 5d, 6c sind Ich-Aussagen.

Es ist sinnvoll, an Ich-Aussagen einen weiterführenden Satz anzuhängen (»*… könnten wir nicht mal darüber sprechen?*«). Dadurch wird zumeist die Aggression aus einem Gespräch herausgenommen und eine sachliche Atmosphäre geschaffen.

Ich-Aussagen eignen sich nicht für Entschuldigungen. Und: Ich-Aussagen können Sie nicht einsetzen, wenn Sie nachgeben müssen.

Ich-Aussagen sind nicht »weich«

Ich-Aussagen werden manchmal mit »Weichheit« verwechselt. Sie sind aber keineswegs »weich«, sondern dienen ausschließlich dem Zweck, Ihre abweichende Meinung ohne Aggression mitzuteilen. Insofern sind sie – wie das gesamte partnerfreundliche Verhalten – weder »hart« noch »weich«, sondern wirkungsvoller und humaner als beides.

ÜBUNG

Jetzt werden vier negative Du-Aussagen oder negative Handlungen eines Gesprächspartners vorgegeben. Bitte antworten Sie darauf mit einer Ich-Aussage:

1. *»Ihre Firma ist ein Sauladen!«*
2. *»Das ist eine ganz schlampige Arbeit!«*
3. Ein Mitarbeiter teilt Ihnen mit, dass er gerade jetzt, wo Sie ihn dringend brauchen, seinen Urlaub nehmen will.
4. *»Sie sind der Sache offensichtlich nicht gewachsen!«*

Mögliche Antworten:
1. *»Es ärgert mich, dass Sie diesen Eindruck haben. Darf ich Ihnen beweisen, dass es nicht so ist?«*
2. *»Da bin ich wirklich anderer Meinung. Wenn Sie die Voraussetzungen prüfen, werden Sie sehen, dass ...«*
3. *»Jetzt bin ich ganz ratlos. Ich weiß wirklich nicht, wie ich – mitten in der Saison – ohne Sie zurechtkommen soll.«*
4. *»Ich bedaure sehr, dass Sie das so sehen. Ich würde Ihnen gern das Gegenteil beweisen.«*

Durch Ihre Ich-Aussage signalisieren Sie dem Gesprächspartner (ganz gleich, ob Sie Führungskraft, Mitarbeiter, Kollege ... sind), dass Sie sich gestört fühlen, dass Sie ein Problem haben, das er verursacht hat. Sie bringen das Gespräch dadurch in ein sehr viel ruhigeres Fahrwasser, denn Sie machen dem anderen keine Vorwürfe, verurteilen ihn nicht, schimpfen nicht, klagen ihn nicht an und – da Sie sich keiner Schuld bewusst sind – entschuldigen sich auch nicht. Sie legen nur Ihr Problem auf den Tisch und bitten dann den anderen gewissermaßen um Hilfe. Oder aber – das ist manchmal der Fall – Sie wecken durch die Ich-Aussage das schlechte Gewissen des anderen. Das hat dann meistens die Folge, dass dieser die Ursache für sein schlechtes Gewissen – Ihre Störung durch ihn – beseitigt. Besonders wichtig sind die weiterführenden Sätze, die von der Gefühlsebene weg auf die Sachebene führen: »*Darf ich Ihnen beweisen …*«; »*Wenn Sie die Voraussetzungen prüfen …*«; »*Ich weiß wirklich nicht …*«; »*Ich würde Ihnen gerne das Gegenteil beweisen.*«

Eine weitere Stärke der Ich-Aussagen: Unqualifizierte, unsachliche Angriffe lassen sich hervorragend parieren – ohne die Stimmung aufzuheizen. Hier folgen einige Beispiele:

Beispiele: Abwehr unqualifizierter Angriffe

- Gesprächspartner (z. B. Vorgesetzter): »*Sie lügen!*«
- Antwort: »*Ich bedaure es, dass Sie diesen Eindruck haben; aber ich würde Ihnen gerne beweisen, dass es nicht so ist.*«

- Gesprächspartner (z. B. Kollege): »*Das ist doch alles dummes Geschwätz.*«
- Antwort: »*Es trifft mich sehr, dass Sie meine Meinung für Geschwätz halten. Ich meine es aber wirklich ernst.*«

- Gesprächspartner (z. B. Vorgesetzter): »*Ohne Sie würde die Arbeit viel besser gehen!*«
- Antwort: »*Es tut mir leid, dass ich in Ihren Augen zu wenig leiste, aber ich gebe mir wirklich große Mühe.*«

- Gesprächspartner (zum Beispiel Vorgesetzter): »*Können Sie mich nicht endlich mal in Ruhe arbeiten lassen?*«
- Antwort: »*Ich bin selber ganz unglücklich, dass ich Sie schon wieder stören muss, aber die Angelegenheit verträgt keine Verzögerung.*«

Wenn Sie stärker als oder gleich stark sind wie Ihr Gegenüber (zum Beispiel als Führungskraft oder Kollege), sind Sie bei unfairen Angriffen zunächst geneigt, emotional zu reagieren nach dem Motto: »Auf einen groben Klotz gehört ein grober Keil!« Sind Sie schwächer als Ihr Gesprächspartner oder sonst in irgendeiner Weise von ihm abhängig, dann sind Sie versucht, zu resignieren und aufzugeben. Wenn Sie beides nicht wollen, sondern Wert darauf legen, das Gespräch zu einem guten Ende zu führen, dann empfiehlt sich dringend die Ich-Aussage. Sie gibt Ihnen die Möglichkeit, die Aggression aus dem Gespräch herauszunehmen und Ihren Gesprächspartner auf die Sachebene zurückzuführen. Dazu dienen auch an die Ich-Aussage angehängte weiterführende Sätze, wie:

- *»Ich würde Ihnen gerne beweisen, dass es nicht so ist.«*
- *»… aber ich gebe mir wirklich Mühe.«*
- *»Wir sollten noch einmal darüber sprechen …«*
- *»… aber die Angelegenheit verträgt keine Verzögerung.«*

ÜBUNG

Bitte versuchen Sie, folgende Angriffe durch Ich-Aussagen zu entschärfen, ehe Sie die von mir vorgeschlagenen möglichen Antworten lesen:

1. *»Sie sind doch als Lügner bekannt!«*
2. *»Du hast mal wieder gründlich versagt!«*
3. *»Sie sind eine große Schlampe!«*
4. *»Ihre Meinung interessiert mich nicht.«*
5. *»Wenn Dummheit wehtäte, würden Sie dauernd schreien!«*
6. *»Blöder als Sie kann man sich kaum noch anstellen.«*
7. *»Sie wissen mal wieder überhaupt nicht, worum es geht.«*
8. *»Davon verstehen Sie nichts.«*
9. *»Sie wollen mir doch nicht vormachen, wie man arbeitet!«*
10. *»Machen Sie Ihren Kram doch selber!«*
11. *»Bei Frau Meier wäre so was nie passiert!«*
12. *»Werden Sie erst mal so alt wie ich, dann können Sie mitreden!«*

Mögliche Antworten in Form von Ich-Aussagen mit weiterführenden Sätzen:
1. »*Ich bin sehr ärgerlich, dass Sie mich für einen Lügner halten. Ich würde Ihnen gerne beweisen, dass es nicht so ist.*«
2. »*Ich finde es schlimm, dass du das so siehst. Jeder kann doch mal einen schlechten Tag haben.*«
3. »*Ihre schlechte Meinung ärgert mich sehr. Bitte sagen Sie mir ...*«
4. »*Ich bedaure sehr, dass Sie meine Meinung so ablehnen. Könnten wir nicht ...*«
5. »*Ich finde es ungerecht, dass Sie mich für dumm halten. Aber die Tatsachen ...*«
6. »*Ich bin sehr unglücklich darüber, dass ich mich in Ihren Augen dumm angestellt habe. Aber wenn wir ...*«
7. »*Ich bin etwas geschockt darüber, dass Sie mich für beschränkt halten. Aber vielleicht sollten Sie ...*«
8. »*Ich bin nicht überzeugt davon, dass Sie recht haben. Wir sollten aber ...*«
9. »*Es liegt mir fern, Sie belehren zu wollen. Ganz im Gegenteil, ich ...*«
10. »*Ich möchte Sie wirklich nicht ärgern. Ohne Sie ...*«
11. »*Ich kann es gut verstehen, dass Sie Frau Meier vermissen, aber wenn wir ...*«
12. »*Ich wollte Ihre Kompetenz nicht anzweifeln. Lassen Sie uns ...*«

An diesen besonders drastischen Beispielen können Sie gut erkennen, dass Ich-Aussagen keine Entschuldigungen sind und dass sie – zusammen mit den weiterführenden Sätzen – den Gesprächspartner, ganz gleich wie die Machtverhältnisse sind, von seinen Aggressionen weg- und zurück auf die Sachebene bringen können.

Übrigens: Ich-Aussagen helfen Ihnen nicht, wenn Sie im Unrecht sind. In diesem Fall gibt es nur die Entschuldigung.

Falsche Ich-Aussagen

Nicht alle Äußerungen, die mit »Ich« beginnen, sind echte Ich-Aussagen.
- *»Ich ärgere mich darüber, dass Sie sich so dumm benommen haben!«*
- *»Es wundert mich, dass Sie so völlig versagen.«*

Das sind verkleidete negative Du-Aussagen, die durchaus verletzen können.

Wie würden diese Äußerungen als Ich-Aussagen und damit umkehrbar aussehen?
- *»Ich ärgere mich darüber, dass Ihre Bemühungen nicht erfolgreich waren.«*
- *»Ich bin enttäuscht, dass ich in dieser Angelegenheit nicht mit Ihnen rechnen kann.«*

Das sind echte Ich-Aussagen, die umkehrbar sind.

Ich-Aussagen contra Machtdiktat

Zunächst einmal sollten Sie sich nicht aufregen, sondern es respektieren, wenn Ihr Chef sich das Recht nimmt, das Machtdiktat anzuwenden; ebenso wie Sie natürlich das Recht haben, sich dagegen zu wehren. Ich-Aussagen sind im Grunde Bitten an den anderen um Verhaltensänderung. Deshalb scheuen sich Vorgesetzte manchmal, ihrerseits Ich-Aussagen gegenüber Abhängigen zu machen, und bedienen sich lieber des Machtdiktats. Sie müssen jetzt »zwei Fliegen mit einer Klappe schlagen«: Einmal müssen Sie sich Ihr Selbstwertgefühl erhalten, das ja durch das Machtdiktat verletzt zu werden droht. Zum Zweiten wollen Sie Ihr Anliegen beim Vorgesetzten durchsetzen. Sie dürfen also nicht resignieren, sondern müssen kontern – aber so, dass wiederum das Selbstwertgefühl Ihres Vorgesetzten nicht leidet; denn dann ziehen Sie den Kürzeren. Das geschieht am besten mit einer Ich-Aussage, wie wir ja schon an einigen Beispielen vorher gesehen haben. An diese Ich-Aussage hängen Sie noch einen weiterführenden Satz, der weg vom Gefühl und hin zur Sache führt. Ein Beispiel:

Vorgesetzter: »*Sie haben mal wieder versagt.*«
Mitarbeiter: »*Ich bin wirklich unglücklich, dass Sie das so sehen.* (Ich-Aussage) *Ich würde gern mit Ihnen darüber sprechen, wie Sie zu dieser Ansicht kommen.*«
(Weiterführender Satz)

Die Chance, dass Sie jetzt vernünftig miteinander reden können, ist groß. Reagieren Sie keinesfalls aggressiv: »*Ich weiß nicht, ob Sie das so richtig beurteilen können!*« Seien Sie auch nicht beleidigt: »*Sie hätten das auch nicht anders machen können!*« Treffen Sie keine negativen Du-Aussagen; diese führen nur zur Eskalation und damit zu Ihrer Niederlage.

Zusammengefasst noch einmal die wichtigsten Vorteile von Ich-Aussagen:

Wesentliche Vorteile von Ich-Aussagen

- Sie sind aufrichtig und ehrlich.
- Sie schaffen eine Atmosphäre der Offenheit und des Vertrauens.
- Sie greifen den Partner nicht an.
- Sie bauen Schranken ab.
- Sie unterbrechen unfruchtbare Diskussionen.
- Sie fördern die Bereitschaft des anderen zu eigenen Ich-Aussagen.
- Sie legen die Verantwortung für eine Verhaltensänderung in die Hand des Partners.
- Sie sind immer umkehrbar.

Ab und zu reagieren Gesprächspartner abwehrend, ärgerlich oder sogar feindselig auf Ich-Aussagen. Manche hören es nämlich nicht gern, dass Sie ihr Verhalten oder ihre Meinung nicht akzeptieren – was Sie ja mit der Ich-Aussage deutlich gemacht haben. Dieses abwehrende Verhalten ist aber selten. Sollte es wirklich einmal vorkommen, dann machen Sie keine weiteren Ich-Aussagen, sondern signalisieren Sie Verständnis, indem Sie jetzt durch »Rückmeldung« deutlich zeigen, dass Sie dem anderen aufmerksam zuhören:

Wenn der andere ärgerlich reagiert

Mitarbeiter: »*Ich bin sehr unglücklich (wütend, ärgerlich) darüber, dass Sie das so sehen. Ich würde gerne mit Ihnen gemeinsam herausfinden, woran das liegt.*«
Vorgesetzter: »*Aber ich nicht mit Ihnen. Sehen Sie zu, dass Sie die Sache in Ordnung bringen.*«

Hier wird deutlich, dass der Vorgesetzte die Ich-Aussage als unangenehm empfindet. Sie schalten jetzt lieber um auf *partnerfreundliches Zuhören* (Rückmeldung), um ihm zu zeigen, dass Sie seine Meinung sehr ernst nehmen:

Mitarbeiter: »*Sie meinen also, ich sollte die aufgetauchten Schwierigkeiten ohne Ihre Hilfe lösen.*«

Sie geben sinngemäß (*»aufgetauchte Schwierigkeiten«*) wieder, was Sie vorher gehört haben und was Ihr Chef sagen wollte. Sie zeigen ihm damit, dass Sie ihm zugehört und ihn verstanden haben – ja, dass Sie seine Meinung respektieren. Durch dieses sehr partnerfreundliche Umschalten von »Senden« auf »Empfangen« wächst erfahrungsgemäß beim Gesprächspartner – in diesem Fall dem Vorgesetzten – die Bereitschaft, seinerseits auch Sie zu verstehen und zu respektieren. Sein schlechtes Gewissen wird abgebaut, die Aggression schwindet. Jetzt können Sie über das eigentliche Problem sprechen.

Gefühle zeigen »*Ein Junge weint nicht.*« »*Ein Indianer kennt keinen Schmerz.*« Gefühle zu zeigen ist häufig immer noch ein Tabu. Dabei gehört es durchaus zum partnerfreundlichen Formulieren, denn Ich-Aussagen basieren ja auf Gefühlen. Und wenn Sie die Gefühle des anderen ansprechen, bringen Sie ihn leicht auf Ihre Seite. Hier eine Liste mit typischen Gefühlsausdrücken, die Sie in Gesprächen äußern können, um den Partner besser zu erreichen:

SIE FÜHLEN SICH / SIE SIND
ICH FÜHLE MICH / ICH BIN

ärgerlich
außer sich (mir)
belastet
betrogen
eingeengt
entsetzt
enttäuscht
frustriert
gehemmt
geschockt
gestört

gestresst
hintergangen
im Stich gelassen

lächerlich gemacht
niedergeschlagen
ratlos
übergangen
unfair behandelt
ungeduldig
unglücklich
unschlüssig
unverstanden
verärgert
verletzt
verstört
verunsichert
verwirrt
wütend

Partnerfreundlich fragen lässt »ja« den Partner sagen

Ganz ähnlich wie mit Aussagen verhält es sich mit Fragen. Es gibt Fragen, die umkehrbar sind, und solche, die es nicht sind. Fragen können vom Befragten (zum Beispiel vom Mitarbeiter) durchaus als positiv empfunden werden, wenn sie Interesse an seiner Person und seiner Meinung signalisieren. Richtig gestellte Fragen gestalten die Beziehungsebene fast immer positiv. Ich schreibe absichtlich »richtig gestellt«; das ist nämlich nicht dasselbe wie »richtige Fragen«.

Richtige Fragen und *richtig* gestellte Fragen

Richtige Fragen sind solche, die nach Meinung des Fragenden richtig sind. Das bedeutet durchaus nicht, dass der Befragte sie richtig findet. Er kann sie im Gegenteil als unangenehm, damit als für ihn falsch empfinden und bockig blockieren. *Richtig gestellte Fragen* dagegen signalisieren Verständnis für die Lage des Befragten, halten durch ihre Partnerfreundlichkeit die Beziehungsebene positiv und öffnen so den Angesprochenen. Sie erfahren durch richtig gestellte, also umkehrbare Fragen meistens mehr.

Wie stellen Sie Fragen »richtig«?

Hier gilt dasselbe wie beim umkehrbaren Formulieren: Sie sollten alle Fragen so äußern, dass sie umgekehrt auch Ihnen gestellt werden könnten, ohne dass Ihr Selbstwertgefühl in Mitleidenschaft gezogen würde. Also auch Fragen sollten umkehrbar sein. Dabei sind partnerfreundliche Formulierung und entsprechender Tonfall ausschlaggebend, nicht so sehr der Inhalt. Hier einige Beispiele:

NICHT UMKEHRBARE, ALSO NICHT RICHTIG GESTELLTE FRAGE	UMKEHRBARE, ALSO RICHTIG GESTELLTE FRAGE
»Was haben Sie sich dabei gedacht?«	»Wie sind Sie in die Sache hineingeraten?«
»Haben Sie das nicht selber verschuldet?«	»Sie hatten das Gefühl, dass es so besser gehen würde, nicht wahr?«
»Warum haben Sie die Stelle so oft gewechselt?«	»Was waren die Gründe für Ihre Stellenwechsel?«
»Was haben Sie sich dabei gedacht? Und warum haben Sie es nicht verhindert?«	»Was waren Ihre Überlegungen bei der Sache?«

Richtig gestellte Fragen klagen nicht an, erzwingen keine Schuldbekenntnisse, verlangen keine Rechtfertigung, stellen nicht bloß, blamieren nicht. Sie signalisieren Verständnis, schließen auf, geben die Möglichkeit zur Entschuldigung, bringen den Partner meist zum Offenlegen der wirklichen Gründe. Selbstverständlich ist jede partnerfreundliche Haltung fehl am Platz, wenn Sie jemand wirklich besiegen müssen. Das sollten Sie sich aber immer sehr gut überlegen – wegen der damit verbundenen Folgen.

Auch wenn Sie in der Hierarchie eines Unternehmens, eines Verbandes oder einer Institution noch so hoch stehen, Sie wollen etwas! Sie wollen etwas von denen, zu denen Sie sprechen, die Ihnen zuhören oder zuhören müssen.

Das ist das Stichwort: *Zuhören.*

2. Sie stören beim Hören

*»Man muss gut zuhören können,
wenn man Mitarbeiter motivieren will.«*
LEE IACOCCA

Wie man in den Wald hineinruft …

Bitte lesen Sie folgenden Absatz aus dem Buch *Orator* von Cicero laut oder lassen Sie einen anderen vorlesen:

> *»Du fragst also – und das schon recht häufig –, welchem Redestil ich wohl am meisten Beifall schenke, welcher Art meiner Meinung nach der Stil ist, dem nichts mehr hinzugefügt werden kann, welchen ich also für den höchsten und vollkommensten erkläre. Dabei hege ich nun allerdings die Befürchtung, ich könnte, wenn ich deinem Wunsche willfahren und den von dir gesuchten Redner darstelle, den Eifer vieler lähmen, die in ihrer Hoffnungslosigkeit entmutigt, etwas gar nicht mehr erst versuchen wollen, das erreichen zu können, sie sich nicht zutrauen. Doch ist es billig, dass alle diejenigen alle Versuche unternehmen, welche große und erstrebenswerte Ziele anstreben.«*

Schwierig formuliert – schlecht verstanden

Haben Sie zugehört? Haben Sie das verstanden, was Sie gelesen haben oder was Ihnen vorgelesen wurde? Ich glaube nicht. Bitte versuchen Sie, sich an den Inhalt des Abschnitts, den zu lesen weniger als eine Minute dauerte, zu erinnern. Wahrscheinlich können Sie das nicht, und das aus folgendem Grund: Der Sinn des Textes ist sehr schwer zu verstehen, denn der Text wurde kompliziert, also schwer verständlich formuliert. Die meisten Zuhörer lasten das dem Sprecher an und empfinden das Gehörte negativ. Ihr Unvermögen (und Ihre Unlust!), diesem Text zuzuhören, liegt also nicht an Ihnen als Zuhörer, sondern es liegt am Text selbst und wahrscheinlich auch an der Art, wie dieser Text vorgelesen, also gesprochen wurde. So geht es uns allen mit allen Texten dieser Art.

Es ist unbestritten, ich sagte es schon, dass man einem Menschen, der sympathisch wirkt, den man gut leiden mag, den man achtet, den man für kompetent hält, lieber zuhört als jemandem, über den man sich ärgert, den man vielleicht sogar nicht ausstehen kann. Und *Zuhören* ist nun einmal die Voraussetzung für den Erfolg jedes Gesprächs oder Vortrags. Denn wenn Ihr Partner Ihnen nicht zuhört, können Sie ihn auch nicht überzeugen. Er hört Ihnen nicht richtig zu, wenn er Sie unsympathisch findet. Und er empfindet Sie als unsympathisch, wenn Sie sich partnerfeindlich, also schwer verständlich ausdrücken. Und er empfindet Sie als partnerfeindlich, wenn Sie seine Meinung nicht respektieren, nicht ernst nehmen.

Als ebenso partnerfeindlich empfindet Ihr Zuhörer Sie, wenn ihn an der Art und Weise, wie Sie auftreten, aussehen, sprechen und sich darstellen (Ihre Persönlichkeit), etwas stört. Weitere Ursachen für fehlende Zuhörbereitschaft eines Gesprächspartners (der dann, wenn er nicht zuhört, kein Partner mehr ist) können sein:

- Wenn *Sie* nicht zuhören,
- wenn Sie partnerfeindlich formulieren *(»Nimm dich mal zusammen, so kannst du das nicht machen ...«; »Du lügst ...«; »Da haben Sie mal wieder nicht nachgedacht ...«* usw.)
- wenn die Atmosphäre aggressiv wird, was ja oft der Fall ist, wenn ein Gespräch kontrovers verläuft und wenn sich ein Partner (oder auch beide) in irgendeiner Weise partnerfeindlich verhält.

Wenn diejenigen, von denen Sie etwas wollen, Ihnen nicht zuhören, ist Ihre ganze Mühe umsonst. Dann könnten Sie ebenso gut den Mund halten. Denken Sie an die beiden Ziele, die Sie erreichen müssen:

1. Zuhörziel: Möglichst viele sollen zuhören.
2. Inhaltsziel: Möglichst viele sollen den Inhalt verstehen und bejahen.

Die Zuhörbereitschaft erhöhen durch partnerfreundliches Sprechen

Die Zuhörbereitschaft Ihrer Partner ist ganz unterschiedlich – was weitgehend von Ihnen als Sprecher abhängt. Sie kann reichen von »*Null Bock*« bis zu »*Das will ich unbedingt hören!*«. Wie erreichen Sie nun diesen guten Willen derjenigen, zu denen Sie sprechen, Ihnen zuzuhören? Durch Ihr partnerfreundliches Verhalten. Sie selbst müssen sich den Hörern, zum Beispiel Ihren Mitarbeitern, so angenehm, vorteilhaft und Sympathie erweckend wie nur möglich präsentieren, *partnerfreundlich* nämlich. Nur so können Sie Störungen der Zuhörbereitschaft minimieren, die durch Ihre Person, durch das, was Sie sagen, also den Inhalt, dadurch, wie Sie es sagen, also Formulierung und Ton, sowie Ihr Verhalten hervorgerufen werden können.

> **Sie gewinnen durch partnerfreundliches Sprechen nicht nur das Ohr, sondern auch das Wohlwollen Ihrer Zuhörer und Gesprächspartner. Und Sie erhalten dadurch – was nicht zu unterschätzen ist – einen merklichen Autoritätszuwachs.**

Es geht beim partnerfreundlichen Sprechen darum, die Hörer dauerhaft »bei der Stange« zu halten, deren Zuhörbereitschaft aufrechtzuerhalten. Kommunikationsstörungen verhindern nicht nur, dass Sie Ihre inhaltlichen Ziele erreichen, sie bergen auch eine große Gefahr für die Entwicklung der Beziehungsebene. Warum? Weil das Zuhören anstrengend wird (was dann schließlich zum Abschalten führt) und das den Zuhörer (unbewusst) ärgert, denn fast niemand strengt sich gerne an.

Störungen der Zuhörbereitschaft können Sie sich nicht leisten, wenn Sie Ihr Anliegen durchsetzen wollen. Mögliche Störungen dieser Art können dadurch bedingt sein, dass die Hörer

- Ihre Ausführungen als unangenehm aggressiv empfinden,
- Sie nicht leiden können,
- den Klang Ihrer Stimme nicht mögen,
- Ihre Formulierungen langweilig finden,
- Ihr Aussehen als befremdlich erleben,
- Sie akustisch nicht oder nur schwer verstehen,
- sich für die Inhalte, die Sie vortragen, nicht interessieren,
- das, was Sie sagen, peinlich oder unangenehm finden,
- Ihre Äußerungen inhaltlich schwer oder gar nicht verstehen.

Da Sie etwas von Ihren Hörern wollen, sind Sie daran interessiert, dass möglichst viele möglichst gut zuhören. Sie müssen sich also bemühen, Störungen der Zuhörbereitschaft auszuschalten oder ihre Zahl klein zu halten. (Paradebeispiel: Sie lesen vor Mitarbeitern eine Liste derer vor, die eine Gehaltserhöhung bekommen sollen. Da beträgt die Zuhörbereitschaft ganz ohne Ihr Zutun 100 Prozent! Aber so interessant ist ja sonst fast kein Thema.)

Ich komme jetzt zu den einzelnen Störungen.

Aggressionen niemals lohnen

Das partnerfreundliche Verhalten wäre für alle Menschen viel leichter zu praktizieren, wenn nicht die Aggressionsbereitschaft unserer Steinzeit-Vorfahren bei jedem von uns fest verankert im Gehirn säße und es uns oft fast unmöglich machte, eine uns widerwärtige Meinung zu respektieren. Unsere urzeitliche Angst sagt uns: »*Dieser Mensch ist gefährlich, er muss schnell beseitigt werden …*«

Wie unkontrollierte Aggressionen entstehen

In grauer Vorzeit war solch ein aufbrausendes Temperament oft der entscheidende Vorsprung, um zu überleben. Heute ist das anders. Wir können niemand mehr durch die Schnelligkeit oder Unvorhersehbarkeit unserer Emotionen ausschalten. (Die Keule ist längst aus der Mode gekommen.) Deshalb kann unsere unkontrollierte Aggressivität unangenehme Folgen haben, weil sie Menschen, auf die wir angewiesen sind, zu unseren Feinden macht. Unser Verstand weiß recht gut, dass es gescheiter wäre, nicht auszurasten, sondern zu versuchen, den oder die anderen für unsere Auffassung zu gewinnen. Aber unser Gefühl ist stärker als unser Verstand. Das sollten wir wissen, da es viele unserer uns selbst oft unverständlichen aggressiven Reaktionen erklärt, mit denen wir so manches Porzellan zertrümmern. Viele von uns empfinden nämlich so: »*Jemand, der eine andere Meinung hat als ich, der ist ein ›Feind‹. Ein Feind muss bekämpft werden.*« Dann tut der *Mandelkern* (ein Gehirnteil, in dem unsere ererbten Gefühle gespeichert sind) seine Pflicht und zwingt uns, den »Feind« zu besiegen, ehe er uns besiegt. In Urzeiten (daher stammen ja die Mandelkern-Erfahrungen) waren es Fäuste und Waffen, heute sind es aggressive Worte, mit denen gekämpft und »gesiegt« wird.

Wie können wir wenigstens im Ansatz diese spontanen Vorabreaktionen des Mandelkerns verhindern?

Innerlich »*Stopp*« rufen

- Durch Warten.
- Durch Pausen.
- Durch Unterdrücken der Spontanreaktion (also einer heftigen Erwiderung), bis wir begreifen, dass der Verursacher unserer unkontrollierten Emotionen ein Recht auf seine Meinung hat.

Vor jedem schwierigen Gespräch sagen wir uns also immer wieder: »*Unser Gesprächspartner hat ein Recht auf seine Meinung. Ich muss das respektieren!*« Wir trainieren uns an, immer dann eine Pause einzulegen (in Gedanken »Stopp« zu rufen), wenn wir uns ärgern: »*Stopp! Jetzt bist du ärgerlich! Also halte den Mund!*« Dieses »Stopp« fällt einem naturgemäß leichter, wenn man der inneren Überzeugung ist, jeder Mensch habe das Recht auf seine Ansicht.

Der Stimme Klang macht manchen bang

Wie entsteht die Stimme? Der Ton, also der Klang, den wir erzeugen, wenn wir sprechen, entsteht folgendermaßen: Beim Ausatmen strömt die Atemluft zwischen zwei mehr (bei Frauen) oder weniger (bei Männern) gespannten Muskelrändern hindurch, die Stimmbänder oder Stimmlippen genannt werden. Bei diesem Durchströmen geraten die Stimmbänder in Schwingungen und erzeugen Töne. Diese Töne benutzen wir dann, um uns hörbar zu machen, um gehört zu werden. Wenn Sie die Töne dort zum Klingen bringen würden, wo sie entstehen, auf den Stimmbändern nämlich, dann würde das zunächst ganz heiser klingen, ganz »kehlig«, und nach einigen Minuten wären die Stimmbänder so gereizt, dass Sie wirklich heiser wären.

Die richtige Resonanz Gott sei Dank haben wir von der Natur die Fähigkeit mitbekommen, den Ton in dem Augenblick, in dem er entsteht, von den Stimmbändern loszulösen. Der Ton wird dann durch die Atemluft beim Ausatmen nach oben getragen, damit er sich dort entfalten kann, wo die notwendigen Resonanzräume vorhanden sind: im Kopf. Entgegen einem weit verbreiteten Vorurteil ist der menschliche Kopf nämlich ziemlich hohl. Nasenhöhle, Mundhöhle und Rachenhöhle sorgen dafür, dass der Ton hier die richtige Resonanz findet, sich also entfalten kann. Normalerweise genügt uns allen die Mundhöhle zur Resonanzbildung. Nur diejenigen, die von ihrer Stimme leben müssen, also Sänger, Schauspieler, Politiker – wenn sie einen guten Rhetoriktrainer haben –, benutzen zur Resonanzbildung neben der Mundhöhle auch die Nasenhöhle. Dadurch wird der Ton voller, angenehmer, raumfüllender. Und – was für manche sehr wichtig ist – die Gefahr, heiser zu werden, verringert sich.

Das Gaumensegel Woran liegt das? Woher kommt diese wohltuende Wirkung? Sie entsteht durch die richtige Einstellung des Gaumensegels. Das Gaumensegel ist der hintere, bewegliche Teil des Gaumens. An ihm hängt das Zäpfchen. Dieses Gaumensegel muss so eingestellt sein, dass der Ton, von der Atemluft getragen, sowohl in die Mund- als auch in die Nasenhöhle eindringen kann. Dann dienen beide Höhlen als Resonanzböden. Dadurch klingt die Stimme einfach besser und der Sprecher wird weniger schnell heiser. Heiser werden ja viele Menschen, wenn sie lange und / oder laut sprechen müssen.

Ich weiß, dass sehr viele von Ihnen nicht so viel und so laut zu sprechen haben, dass Sie unbedingt die Nasenhöhle mit zur Resonanzbildung einsetzen müssen. Aber ich möchte Ihnen trotzdem zeigen, wie Sie einen besseren Stimmklang erreichen können. Ich möchte Ihnen dadurch demonstrieren, dass die menschliche Stimme ein Instrument ist, auf dem Sie spielen können.

Die erwähnte richtige Einstellung des Gaumensegels können Sie durch einige einfache Übungen erreichen. Dies sind alles Übungen mit den klingenden Mitlauten »m« und »n«. Es gibt auch Mitlaute, die nicht klingen: zum Beispiel »p« und »t«.

ÜBUNGEN

Die Grundübung, auf der alle anderen Übungen aufbauen, ist das summende Ausatmen auf »m« und »n«. Bitte stellen Sie sich ganz locker hin, atmen Sie ein, und atmen Sie auf »m« summend aus (»mmmmmmmmmmmm...«).

Hierzu gibt es auch eine Erfolgskontrolle:
Wenn der Ton schön rund und voll – sowohl in der Mund- wie auch in der Nasenhöhle – angekommen ist, dann fängt im Allgemeinen die Oberlippe etwas zu vibrieren und zu kitzeln an. Bitte kontrollieren Sie das doch einmal: Ganz locker stehen oder sitzen, ganz locker einatmen und auf »m« summend ausatmen. Was macht Ihre Oberlippe? Bitte immer wieder üben!

Und nun das Gleiche auf »n«:
Bitte ganz locker stehen oder sitzen, ganz leicht einatmen und auf »n« summend ausatmen (»nnnnnnnnnnn...«).

Auch beim »n« gibt es eine Erfolgskontrolle: Wenn der Ton am richtig eingestellten Gaumensegel vorbei in die Mund- und auch in die Nasenhöhle eingedrungen ist, fängt im Allgemeinen die Zungenspitze an zu vibrieren und zu kitzeln. Versuchen Sie es noch einmal: Ganz locker einatmen, ganz locker stehen oder sitzen und auf »n« summend ausatmen. Was macht die Zungenspitze? Hat sie gekitzelt? Bitte immer wieder üben!

Und nun kommt der Clou des Ganzen: Jetzt benutzen wir diese »m« und »n«, um auch die Selbstlaute (Vokale) sowie die Umlaute und die Doppellaute am richtig eingestellten Gaumensegel vorbei in Mund- und Nasenhöhle zu bringen. Wir setzen zunächst das »m« und danach das »n« vor den Vokal und hinter den Vokal und ziehen und schieben diesen Vokal am dadurch richtig eingestellten Gaumensegel vorbei in die Mund- und in die Nasenhöhle. Dabei das »m« weit überbetonen:

»Mmm-i-mm, mmm-e-mm, mmm-a-mm, mmm-o-mm, mmm-u-mm, mmm-ä-mm, mmm-ö-mm, mmm-ü-mm, mmm-ei-mm, mmm-eu-mm, mmm-au-mm.«

Wiederholen Sie dies so lange, bis Sie das Gefühl haben, dass der Hals weitgehend entlastet ist und die Tonbildung resonanzreich »oben« erfolgt.

Jetzt benutzen Sie das »n« als Lokomotive, um die Selbstlaute, Doppellaute und Umlaute nach oben zu bringen. Dabei überbetonen Sie das »n« stark:

»Nnn-i-nn, nnn-e-nn, nnn-a-nn, nnn-o-nn, nnn-u-nn, nnn-ä-nn, nnn-ö-nn, nnn-ü-nn, nnn-ei-nn, nnn-eu-nn, nnn-au-nn.«

Auch diese Übung wiederholen Sie so lange, bis das Gefühl entstanden ist, dass der Hals weitgehend entlastet ist und die Tonbildung resonanzreich »oben« erfolgt.

Bei der folgenden Übung ziehen Sie ebenfalls alle »m« und »n« lang und überbetonen sie, wie zum Beispiel: *»Mmminnne, Mmmemmmel, mmmahnennn, Mmmohnnn, Mmmuhmmme«* usw.:

»Minne, Memel, mahnen, Mohn, Muhme, mähen, Möhre, Mühle.
Meine Mama macht mir Mehlmäuse.
Mümmelmann vernahm Hummelgesumm.
Man mag manchmal mehrere Mengen mögen.
Munter, ihr Mannen, folgt mir zum Mahl!
Mannesmann macht manches möglich.
Nimmer, nennen, Namen, Nonne, nun, nämlich, Nöte, Nüsse, nein, Naumburg, neun.
Nenne niemand meinen Namen.
Von Niebelheims mächtigem Land vernahmen wir neue Mär.«

Nun gibt es noch einen weiteren Konsonanten, der ebenfalls diesen wohltuenden Einfluss auf die richtige Einstellung des Gaumensegels hat. Das ist der Mitlaut »n«.
Wir sagen ja nicht: »Lun-ge«, sondern »Lun~e« (das »n« nasal gesprochen). Wir sagen nicht »Richtung«, sondern »Richtun~« (nasal). Wir sagen nicht »Göttin-gen«, sondern »Göttin~en« (nasal). Und eine besonders schöne Übung ist das Wort: »Lun~enentzündun~en«.
Bitte sprechen Sie:
»Lun~enentzündun~en. Klingen, sengen, langen, Gong, hängen, düngen, Engerlinge. Engerlinge bangen um Lungenentzündungen.«

Diese – und ähnliche – Übungen sollten Sie jeden Tag etwa fünf Minuten machen, und Ihre Stimme wird stabiler und wohlklingender und – was ganz wichtig sein kann – Sie werden nicht mehr so leicht heiser, wie das vielleicht bisher der Fall war.

Welche Störungen der Zuhörbereitschaft können durch die Stimme verursacht werden?

- Die Stimme des Sprechers klingt für den Hörer unangenehm (zu schrill oder zu monoton).
- Der Sprecher ist akustisch schwer zu verstehen

(permanent leise – oder zu leise – und/oder macht keine Sprechpausen).

Sollten Sie den Eindruck haben, dass der Klang Ihrer Stimme vielen Ihrer Kommunikationspartner unangenehm ist (zu schrill, zu hoch, zu tief), so suchen Sie bitte einen Logopäden oder eine Logopädin auf, diese können Ihnen bis zu einem gewissen Grade helfen. Ein unangenehmer Stimmklang kann nämlich dazu führen, dass der Mensch selbst, der mit dieser Stimme spricht, als unangenehm empfunden wird.

Redner, die nuscheln, ärgern die Hörer

Die Wichtigkeit der deutlichen Aussprache wird oft sehr überschätzt. Wenn Ihre Aussprache ohne große Mühe von Ihren Gesprächspartnern und Zuhörern verstanden wird, dann haben Sie keinen Grund, an der Art, wie Sie sprechen, etwas zu ändern. Es kommt also nicht unbedingt darauf an, ob die Endsilbe eines Wortes deutlich ausgesprochen wird oder ob ein »t« klar vom »d« unterschieden werden kann, sondern einzig und allein darauf, ob das, was Sie sagen, gut zu verstehen ist.

Eine gewollt deutliche (überdeutliche) Aussprache klingt unnatürlich und stört die Zuhörbereitschaft.

Sollte Ihre Aussprache allerdings allzu undeutlich sein, nuscheln Sie zum Beispiel stark oder verschlucken Sie zu viele Silben, dann ist es für Ihre Partner schwer, Sie zu verstehen, und sie schalten ab. Die Zuhörbereitschaft erlischt. Dagegen können Sie etwas unternehmen. Besorgen Sie sich in der Buchhandlung ein Sprech-Lehrbuch, zum Beispiel *Der kleine Hey*. Dort finden Sie entsprechende Übungen. Hier einige Beispiele, wie Sie üben können:

ÜBUNG

Bitte sprechen Sie diese Übungen anfangs ganz langsam, also mit sehr vielen Pausen. Je geläufiger sie Ihnen dann beim Üben werden, desto schneller können Sie werden.

Kuchenblech – Buchzeichen – Lichtdocht – Tante – Dante – Tuff – Duft – Tannenduft – Rheintalbahn – Paddelboot – Postmeister – Bleiplatte – Geputzter Pflug blitzt und blinkt – Vetternwirtschaft – Fichtenwald – Gunst und Kunst – Kunst kommt nicht von Können – Bosporus – auffliegen – aufliegen – ablassen – Milchmischgetränk .

Nehmen Sie während der Übung immer wieder einen gut riechenden Weinkorken zwischen die Zähne und versuchen Sie die Wörter und Texte so gut es geht durch die vom Korken geöffneten Zähne zu sprechen. Dann sprechen Sie denselben Text ohne Korken, dann wieder mit. Sie werden merken, wie Sie immer deutlicher sprechen. Denken Sie immer daran, lauter zu sprechen. Folgende »Zungenbrecher« werden Sie nach einigen Tagen laut, deutlich und ohne zu stolpern vortragen können:

- In Ulm und um Ulm und um Ulm herum.
- Wir Wiener Waschweiber würden weiße Wäsche waschen, wenn wir Wiener Waschweiber wüssten, wo weiches, warmes Wasser wär.
- Fischers Fritz fischt frische Fische, frische Fische fischt Fischers Fritz.
- Der dünne Diener trägt die dicke Dame durch den dicken Dreck. Da dankt die dicke Dame dem dünnen Diener, dass der dünne Diener die dicke Dame durch den dicken Dreck getragen hat.
- Zwischen zweiundzwanzig schwankenden Zwetschgenzweigen zittern zweiundzwanzig zwitschernde Zugvögel.
- Was macht ein kleines Mückentier doch für verfluchte Tücken mir!
- Ich spüre Mück- und Mückenstich, sie stechen noch zu Stücken mich.
- Der Potsdamer Postkutscher putzt den Potsdamer Postkutschkasten.

Darüber hinaus ist festzustellen, dass jeder Nuschler – ohne jede Ausnahme – leise spricht. Nuscheln entsteht nämlich dadurch, dass die Lippen nur wenig geöffnet und bewegt werden, und das geht nur beim Leisesprechen. Sowie Sie lauter sprechen, sprechen Sie deutlicher, da Sie dann den Mund weiter öffnen und die Lippen mehr bewegen müssen. Bitte sehen Sie sich das nächste Kapitel, *Wer leise spricht, den(m) hört man nicht (zu)*, an und beherzigen Sie die dort gemachten Vorschläge, dann werden Sie in Zukunft wesentlich besser verstanden.

Wer leise spricht, den(m) hört man nicht (zu)

Wenn Sie für andere zu leise sprechen, und das ist oft der Fall, liegt das fast nie an Ihrer Stimme, sondern an Ihrer Einbildung: Ihre Ohren sind so empfindlich, dass schon Ihre normale Lautstärke Ihnen viel zu laut vorkommt. Dagegen können Sie etwas unternehmen. Das leise Sprechen ist übrigens eine der häufigsten und der schwerwiegendsten Störungen der Zuhörbereitschaft. Ich meine nicht das *zu leise* Sprechen, denn dann melden sich die Partner schon: *»Könnten Sie nicht etwas lauter sprechen?«* Beim Leisesprechen kann der Hörer Sie zwar verstehen, wenn er sich anstrengt, aber wer strengt sich schon gerne an? Nach kurzer Zeit schlaffen die meisten ab und hören nicht mehr zu.

Wie können Sie das ändern?

- Durch Üben. Sprechen Sie den Satz *»Ich spreche immer und überall immer lauter und immer lauter«* in Ihrer gewohnten Lautstärke. Dann sprechen Sie ihn wieder und wieder und bei jedem Mal etwas lauter, bis es Ihnen unerträglich laut vorkommt. Dann fangen Sie wieder von vorne an. Das machen Sie jeden Tag zehn- bis zwölfmal. Sollte es Ihnen Beschwerden im Hals bereiten, hören Sie sofort auf und fangen wieder leise, also bei Ihrer

Wer leise spricht, den hört man nicht

gewohnten Lautstärke an und steigern sich nur so weit, wie keine Beschwerden auftreten. So kräftigt sich Ihre Stimme und Sie bekommen Mut, lauter zu sprechen.
- Durch Daran-Denken. Auf allen Ihren Arbeitsunterlagen (Gesprächsnotizen, Stichwortzetteln, Redemanuskripten) vermerken Sie immer wieder: »*Lauter sprechen*«, damit Sie dauernd daran erinnert werden.

Es gibt eine Faustregel: Wenn Ihnen selbst Ihr Sprechen zu laut vorkommt, dann ist es für Ihre Hörer meist gerade laut genug. Im Übrigen: »Laut Sprechen« wird von den meisten Menschen nicht so unangenehm empfunden wie »leise Sprechen«. Auf jeden Fall wird man besser verstanden!

Monoton weckt Spott und Hohn

Es gibt Menschen, die sprechen so eintönig, dass ihre Partner nach ganz kurzer Zeit nicht nur nicht mehr zuhören, sondern mit dem Einschlafen kämpfen. Sollten Sie zu diesen Menschen gehören, also monoton (eintönig) sprechen, so können Sie sich selbst helfen: Die Belebung der Stimme hängt sehr stark vom Wechsel zwischen »lauter« und »leiser« und zwischen »höher« und »tiefer« ab. Eine immer gleichbleibende Lautstärke und Tonhöhe klingen monoton. In den meisten Fällen ist das monotone Sprechen auf leises Sprechen zurückzuführen, denn wer immer leise spricht, der wechselt weder Lautstärke noch Tonhöhe. Dieses monotone Sprechen kann Vorträge und Besprechungen zur Qual werden lassen – und tut es auch!

Hier liegt eine erhebliche Störung der Zuhörbereitschaft in zweierlei Hinsicht vor: Es ist erstens unangenehm anzuhören und zweitens einschläfernd. Gerade am lebhaften, nicht monotonen, also partnerfreundlichen Stimmklang zeigt sich die Überlegenheit des gesprochenen Wortes gegenüber dem geschriebenen. Am besten ist es, wenn Sie durchweg etwas lauter sprechen; dann wird die Stimme ganz von selbst lebhaft. (Siehe voriger Abschnitt: *Wer leise spricht ...*)

ÜBUNG

Es folgen einige Wörter zum Antrainieren des lebhafteren Stimmklangs. Sprechen Sie diese Wörter bitte stark übertrieben aus, um die Möglichkeiten auszukosten, die im Klang eines Wortes oder einer Wortfolge stecken können:
Sein – oder Nichtsein! – Tragisches Schicksal! – Quälende Furcht – Verächtliches Lachen! – Heiterkeit – Sonnenschein – Schöner Tag – Wonnetrunken – Pest und Höllenbrand! – Du musst! – Ich will! – Hart wie Stahl! – Dein ist mein ganzes Herz.

Sprechen Sie sich diese Wörter oder Sätze – überbetont – zehnmal mindestens fünf Tage lang vor und versuchen Sie dann, die ganze Übung in Ihrem bisher üblichen monotonen Tonfall zu sprechen. Sie werden sehen, es fällt Ihnen jetzt schwer.

Lass Pausen »sprechen«

Pausen beim Sprechen sind besonders wichtig. Nun werden Sie vielleicht denken, das ist doch Unsinn, das Wichtigste beim Sprechen soll das Nicht-Sprechen sein? Denn Pausen bedeuten ja Nicht-Sprechen. Ja, so ist es. Pausen »sprechen« mit und bewirken Folgendes:

- Sie erhöhen die Wirkung des Gesprochenen.
- Sie entlasten das Gedächtnis des Hörers.
- Sie geben Ihnen Zeit zum Atemholen.
- Sie geben Ihnen Zeit zum Nachdenken.

Pausen steigern die Wirkung des Gesprochenen. Eine Pause vor oder nach einem wichtigen Wort oder wichtigen Satz hebt dieses Wort oder diesen Satz heraus aus den anderen Worten und gibt ihm eine besondere Bedeutung. Bitte probieren Sie es aus, und sprechen Sie nachstehende Texte auf einen Tonträger oder lassen Sie sich die Texte von jemand vorlesen und vergleichen Sie beide Fassungen. Dehnen Sie bei der zweiten Fassung die Pausen ruhig so weit aus, bis sie Ihnen zu lang vorkommen. Sie werden feststellen, dass Sie die zweite Fassung – mit Pausen – wesentlich leichter vorlesen können. Sie haben nämlich durch die Pausen mehr Zeit, sich jeweils in Ruhe auf die nächsten Worte vorzubereiten. Dann hören Sie die beiden Texte hintereinander ab. Sie werden beim Hören sehr deutlich merken, dass die zweite Fassung – mit Pausen – leichter zu verstehen und viel wirkungsvoller ist.

Erhöhung der Wirkung

ÜBUNG

Text 1 (ohne Pausen)
Alles, was vor uns entstehen soll, findet seine Ursache in unserem Denken. Ein Gedanke, eine Idee, deren Verwirklichung wir ausdauernd verfolgen, muss schließlich sichtbar in Erscheinung treten. Auch ich habe große Ziele. Alle Kräfte, die ich zur Verwirklichung meiner Wünsche brauche, liegen in mir. Durch die Macht der Gedanken werden diese Kräfte zu treuen Helfern bei meinem Werk. Warum sollte ich nicht mehr erreichen, als andere mir zutrauen? Ich wachse mit allen Aufgaben, die ich mir selbst stelle. Ich werde mein Ziel erreichen. Ganz bestimmt. Ich fühle meine Kräfte und Fähigkeiten wachsen. Ich glaube an mich und an meine Ziele, so wie alle die Menschen an sich geglaubt haben, die Großes vollbracht haben.

Text 2 (mit Pausen)
Alles – Pause – *was vor uns entstehen soll,* – Pause – *findet seine Ursache* – Pause – *in unserem Denken.* – Pause – *Ein Gedanke,* – Pause – *eine Idee,* – Pause – *deren Verwirklichung wir ausdauernd verfolgen,* – Pause – *muss schließlich sichtbar in Erscheinung treten.* – Pause – *Auch ich habe große Ziele.* – Pause – *Alle Kräfte,* – Pause – *die ich zur Verwirklichung meiner Wünsche brauche,* – Pause – *liegen in mir.* – Pause – *Durch die Macht der Gedanken* – Pause – *werden diese Kräfte* – Pause – *zu treuen Helfern bei meinem Werk.* – Pause – *Warum* – Pause – *sollte ich nicht mehr erreichen,* – Pause – *als andere mir zutrauen?* – Pause – *Ich wachse mit allen Aufgaben, die ich mir selbst stelle.* – Pause – *Ich werde mein Ziel erreichen.* – Pause – *Ganz bestimmt.* – Pause – *Ich fühle meine Kräfte und Fähigkeiten wachsen.* – Pause – *Ich glaube an mich* – Pause – *und an meine Ziele,* – Pause – *so wie alle die Menschen an sich geglaubt haben,* – Pause – *die Großes vollbracht haben.*
(Oscar Schellbach)

Sie werden vermutlich festgestellt haben, dass der mit Pausen gesprochene Text wesentlich angenehmer anzuhören und besser zu verstehen ist. Unter anderem liegt es daran, dass der zweite Vortrag durch die Pausen besser strukturiert erscheint. Dadurch wurde die Wirkung erhöht. Diese beiden gleichen – aber doch so verschiedenen – Vorträge haben noch etwas gezeigt: Das Gedächtnis der Zuhörer hatte durch die Pausen beim zweiten Vortrag Zeit, das Gehörte zu verarbeiten. Außerdem gaben die Pausen dem Sprecher die Möglichkeit zum Atemholen. Und sie gaben dem Sprecher auch die Möglichkeit, darüber nachzudenken, was als Nächstes kommt, was er anschließend sagen muss. Und – sicher nicht unwichtig – die Pausen haben die Wirkung erhöht. Das gilt nicht nur für diesen Schellbach-Text, sondern es gilt für fast jeden gesprochenen Text. Das war es, was ich gern beweisen wollte: die Wohltat der Pausen.

Entlastung des Ultrakurzzeitgedächtnisses

Vielleicht sind die folgenden Feststellungen von Frederic Vester inzwischen zum Teil überholt, aber sie machen den Zusammenhang zwischen dem Hören und den dadurch hervorgerufenen Vorgängen in unserem Gedächtnis so plastisch deutlich, dass ich nicht darauf verzichten möchte:

Wir alle haben drei Gedächtnisstufen:
- das Ultrakurzzeitgedächtnis
- das Kurzzeitgedächtnis
- das Langzeitgedächtnis

(Frederic Vester, Stuttgart 1975)

Uns interessiert hier nur das Ultrakurzzeitgedächtnis. Wenn wir zu oder mit anderen sprechen, sind wir eine Art Sender. Die Nachrichten, die wir senden, also das, was wir sagen, ist für einen oder mehrere Empfänger bestimmt. Diese Empfänger sind unsere Gesprächspartner oder Zuhörer. Das Ziel des Senders – unsere Absicht – ist es, die Nachrichten, die wir senden, nach Möglichkeit ins Langzeitgedächtnis unserer Partner zu bringen. Jede Nachricht, die wir senden, zum Beispiel in einem Vortrag, in einem Gespräch, trifft bei jedem Menschen, zu dem wir sprechen, zunächst auf das sogenannte *Ultrakurzzeitgedächtnis*. Das ist eine Art Momentangedächtnis, das über Folgendes entscheidet: Ist die betreffende Nachricht wichtig, oder ist sie unwichtig vom Standpunkt des Hörers aus?

Kommt das Ultrakurzzeitgedächtnis zu der Entscheidung, die Nachricht sei wichtig, dann wird sie weitergeleitet ins Kurzzeitgedächtnis, wo sie noch einmal abgeprüft wird. Entscheidet das Ultrakurzzeitgedächtnis hingegen, dass die Nachricht unbedeutend ist, dann wird sie gelöscht. Die Folge ist, dass der betreffende Mensch sich überhaupt nicht an diese Nachricht erinnern kann. Das Ultrakurzzeitgedächtnis arbeitet also wie ein Computer:

- Entscheidung »Ja« = weiterleiten.
- Entscheidung »Nein« = löschen.

Um so arbeiten zu können, hat das Ultrakurzzeitgedächtnis zwei Eigenschaften:

- Es hat nur ein sehr begrenztes Fassungsvermögen. Wenn es voll ist, wenn es also eine bestimmte Menge von Nachrichten aufgenommen hat, dann macht es dicht, dann schließt es sich, und es werden keine weiteren Informationen mehr aufgenommen.
- Es braucht eine bestimmte Zeit, um zu prüfen, ob die empfangenen Botschaften wichtig sind, also weitergeleitet werden müssen, oder ob sie ohne Bedeutung sind, mithin gelöscht werden können.

Die Zeit, die das Ultrakurzzeitgedächtnis benötigt, um zwischen »Ja« oder »Nein« zu entscheiden, ist unterschiedlich. Meistens braucht es nur Bruchteile von Sekunden. Aber für eine komplizierte oder nur unvollständig aufgenommene Nachricht benötigt es längere Zeit – vielleicht drei, vier Sekunden. Im äußersten Fall wurden bis zu zwanzig Sekunden gemessen (F. Vester). Während dieser Zeit des Prüfens bleibt das Ultrakurzzeitgedächtnis geschlossen und nimmt keine

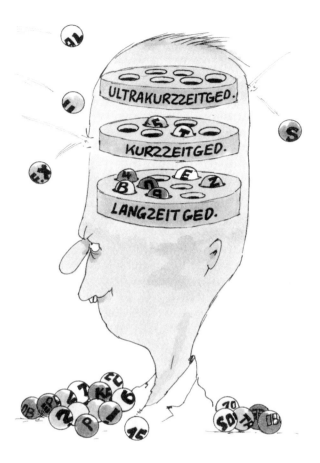

weiteren Nachrichten mehr auf. Der Sender sendet nun aber oft weiter, wir sprechen weiter, obwohl das Ultrakurzzeitgedächtnis unserer Gesprächspartner oder Zuhörer nicht aufnahmefähig ist. Das bedeutet, wir sprechen am Ohr unserer Zuhörer vorbei. Wir können gar nicht gehört werden. Daran sollten Sie denken, wenn Sie ein wichtiges und vielleicht sogar kompliziertes Gespräch mit Mitarbeitern vor sich haben oder ein Referat halten, dessen Inhalt genaues Hinhören verlangt.

Die Folge pausenlosen Sprechens

Sie haben anderen Menschen etwas ganz genau erläutert. Sie haben nichts ausgelassen. Und trotzdem haben einige nur die Hälfte von dem aufgenommen, was Sie erklärt haben, obwohl sie genau zugehört haben. Deren Ultrakurzzeitgedächtnis war immer wieder geschlossen, um das zu prüfen, was Sie vorher gesagt hatten. Die Gesprächspartner hatten also gar keine Chance, das gerade Neugesagte aufzunehmen. Was kann man dagegen tun? Wie können Sie verhindern, dass das Ultrakurzzeitgedächtnis Ihrer Gesprächspartner und Zuhörer blockiert ist durch das, was Sie zuvor gesagt haben? Durch Pausen. Wenn Sie genügend Pausen machen, dann geben Sie Ihren Partnern immer wieder Gelegenheit, das nachzuvollziehen, was Sie gesagt haben, und deren Ultrakurzzeitgedächtnis somit die notwendige Zeit, sich zu entscheiden, ob Weiterleiten oder Auslöschen angesagt ist. Das ist der wesentliche Grund für Pausen.

Zeit zum Atemholen

Es ist nichts Neues: Die gute Versorgung des Gehirns mit Sauerstoff verbessert das Denkvermögen. Umgekehrt ist es genauso: Eine schlechte Sauerstoffversorgung des Gehirns beeinträchtigt das Denkvermögen. Nun hängt diese Sauerstoffversorgung vom Atmen ab. Je freier ich atme, desto besser wird der Körper, und damit auch das Gehirn, mit Sauerstoff versorgt. Wie ist es nun aber bei einem Vortrag oder bei einem wichtigen Gespräch? Wir sind sehr angespannt. Unter Umständen verkrampfen wir uns sogar. Und in der Anspannung atmet fast jeder ganz flach. Wir können unter Stress nicht richtig durchatmen. Wenn wir also unser Gehirn besonders nötig brauchen, wie bei einem schwierigen Gespräch oder einem Vortrag, dann versorgen wir es nicht genügend mit Sauerstoff, verringern dadurch unser Denkvermögen und verstärken das Lampenfieber. Aber wir können etwas dagegen tun: bewusst durchatmen. Wenn wir kräftig durchatmen, geht die Anspannung weg. Unser Körper – und damit auch das Gehirn – wird besser mit Sauerstoff versorgt, und wir können wieder klarer denken. Sie wissen jetzt: In schwierigen Situationen sollten Sie immer wieder bewusst tief atmen, um die Spannung zu lösen und das Hirn mit Sauerstoff zu versor-

gen. Ein weiterer Grund für Pausen beim Sprechen ist also die bessere Sauerstoffversorgung – und damit die Verbesserung des Denkvermögens.

Das ist aber noch nicht alles: Pausen beim Sprechen geben Ihnen Zeit, darüber nachzudenken, was Sie als Nächstes sagen. Das ist wichtig. Oder wollen Sie erst hören, was Sie sagen, bevor Sie wissen, was Sie denken? Sie sollten das Denken lieber vorschalten. Die Pausen können Sie benutzen, um zu überlegen, was Sie anschließend sagen müssen oder wollen.

»Woher soll ich wissen, was ich denke …?«

»Äh« – eine – äh – (un)verschämte – äh – Zumutung

Es gibt – äh – Menschen, die – äh – ganze Säcke – äh – voll – äh – füllen, ehe – äh – sie – äh – einen Satz – äh – zu Ende – äh – gebracht – äh – haben.

Dieses »Äh«-Sagen ist eigentlich eine Unverschämtheit. Ich unterhalte mich ja nicht mit einem Menschen, um von ihm Urlaute entgegenzunehmen. »Äh« ist ein sogenannter Urlaut. Das kleine Kind in der Wiege darf Urlaute von sich geben: »Äh, äh, äh«, aber doch nicht ein erwachsener Mensch!

Nun, wir wollen die Äh-Sager nicht zu hart verurteilen, »… denn sie wissen nicht, was sie tun«. Wenn wir ein Gespräch oder eine Rede ohne Manuskript oder nach Stichworten (bei Reden nach Manuskript erscheinen die Ähs nicht) auf CD aufnehmen und sie diesem Menschen vorspielen würden, dann fiele der Betreffende aus allen Wolken. Er würde es nur schwer glauben. Warum? Weil er nicht weiß, dass er »Äh« sagt. Er sagt es völlig unbewusst.

»Äh« ist ein unbewusster Pausenfüller

Was ist denn das »Äh«? Das »Äh« entsteht durch die unbewusste Angst vor der Pause. Ich weiß nicht gleich, was ich sagen soll, ich suche nach einem Ausdruck oder nach einer Formulierung. Dann habe ich das (unterbewusste) Gefühl, dass sich die anderen langweilen, wenn dadurch eine Pause entsteht, also sage ich lieber »Äh«, um die Pause auszufüllen. Was für ein Unsinn!

Sie machen das natürlich in Zukunft nicht mehr; denn Sie wissen inzwischen, wie wichtig und wohltuend Pausen sind. An dieser Stelle nur so viel: Sollten Sie dazu neigen, allzu häufig »Äh« zu sagen, dann versuchen Sie immer wieder ganz bewusst, Pausen zu machen. Programmieren Sie sich förmlich auf Pausen. Schreiben Sie auf alle Manuskriptseiten, Stichwortzettel und Gesprächsunterlagen möglichst oft das Wort »Pausen«, damit Sie immer wieder daran denken, welche zu machen. Lesen Sie sich Ihr Manuskript mehrere Male laut vor und machen Sie dabei nach *jedem Wort* eine kleine Pause – auch wenn Ihnen das ganz merkwürdig vorkommt.

ÜBUNG

Lesen Sie sich beliebige Texte (Bücher, Zeitung) laut vor und machen Sie nach jedem Wort eine kleine Pause. Wenn Sie diese Übung einige Tage gemacht haben (15 – 20 Minuten), dann sagen Sie kein »Äh« mehr. Das »Äh« entsteht, wie gesagt, durch die unbewusste Angst vor der Pause. Wenn Sie aber bewusst Pausen machen, dann haben Sie ja keine Angst davor und Sie brauchen bald kein »Äh« mehr.

Übrigens: Wenn Sie ab und zu »Äh« sagen, dann schadet das gar nichts. Nur wenn es anfängt, Ihre Gesprächspartner oder Zuschauer in ihrer Zuhörbereitschaft zu stören, dann ist es schädlich für Ihre Redeziele. Sollten die anderen Strichlisten machen, die markieren, wie viele »Äh« Sie in einer Minute ausstoßen, dann hören sie auch nicht mehr zu.

Wie du kommst gegangen, so wirst du empfangen

Jeder Mensch hat eine bestimmte »Aura«, eine Art »Gesamtwirkung«. Wirkt er positiv auf andere, wird diese Ausstrahlung *Charisma* genannt. Sie lässt sich nicht messen, aber sie ist spürbar. Leider lässt sie sich nur in geringem Maße antrainieren. Was wir dafür tun können, wird im Folgenden beschrieben.

Blickkontakt halten

Wenn jemand zu Ihnen oder mit Ihnen spricht, dann erwarten Sie, dabei angesehen zu werden, sonst wird Ihre Zuhörbereitschaft gestört. Wenn Sie keinen Blickkontakt aufnehmen und halten, kann das bei Ihren Zuhörern genauso zu Aggressionsgefühlen führen *(»Die (oder der) sieht uns ja noch nicht mal an ...«)* und bringt unweigerlich negative Punkte auf der Beziehungsebene. Aber auch sonst ist der Blickkontakt äußerst nützlich. Im Auge liegt nämlich eine magische Kraft, die Ihre Gesprächspartner Ihre Botschaft besser aufnehmen lässt. Das Auge ist wie ein zusätzliches Medium neben der Stimme und dem Gesprochenen. Ich habe Untersuchungen gelesen über die Wirkung des Blickkontaktes, die Folgendes deutlich machen:

Da, wo mit Blickkontakt gesprochen wird, wird mehr behalten.

Durch den Blickkontakt wird das *Vorlesen* zum *Vortragen*. In sehr vielen Veranstaltungen habe ich getestet, dass es bei den Hörern wesentlich besser ankommt, wenn man nur dann spricht, wenn man Blickkontakt hat. Die allgemein übliche Gepflogenheit, schon während des Sprechens immer wieder ins Manuskript zu sehen – also ohne Blickkontakt einfach nur vorzulesen, anstatt mit Blickkontakt vorzutragen –, lässt die Hörbereitschaft immer wieder schwächeln. Interessanterweise kommen demjenigen, der vorträgt, die Pausen (zunächst) viel länger vor als denen, die zuhören. Folgendermaßen tragen Sie richtig vor und halten Blickkontakt zu Ihren Zuhörern:

Vortragen statt vorlesen

- Schreiben Sie Ihr Manuskript mit möglichst großen Buchstaben und möglichst vielen Absätzen.
- Zwischen den einzelnen Zeilen lassen Sie große, zwischen den einzelnen Absätzen sehr große Zwischenräume.
- Beschreiben Sie Ihr Manuskript nur halbseitig – lassen also eine Hälfte des DIN-A4- oder ein Drittel des DIN-A5-Blattes frei.
- Jede Zeile konzipieren Sie nach Möglichkeit so, dass sie einen geschlossenen Sinnzusammenhang bildet und leicht mit einem Blick aufgenommen werden kann.

Ohne Blick wenig Glück

- Das Manuskript tragen Sie dann in folgendem Rhythmus vor:
  - Am Anfang sehen Sie die Zuhörer mit Rundum-Blickkontakt an, dann:
  - A Blick senken. Text (möglichst mit Sinnzusammenhang) aufnehmen.
  - B Blick heben. Blickkontakt herstellen.
  - C Sprechen.
  - D Moment verharren. Blickkontakt halten.
  - A Blick senken. Nächsten Text aufnehmen.
  - Dann weiter ab B usw. Also folgender Rhythmus:
    A – B – C – D – A – B – C – D – A – B – C – D – usw.

Sollte durch ungünstige Textaufnahme eine Pause am falschen Platz entstehen, dann wiederholen Sie einfach die letzten Worte des Textes vor der Pause und sprechen über die unerwünschte Pause hinweg: »*Sie werden sehen, meine Damen und Herren, dass unsere* (unerwünschte Pause) *dass unsere Bereitschaft* …«

Bei einem ausgeschriebenen Manuskript ist der Blickkontakt mit den Hörern kein großes Problem; denn man braucht nicht mehr über das, was man sagen will, nachzudenken. Es steht ja da. Anders ist es beim Sprechen nach Stichworten oder ohne Unterlagen. Dabei kommen viele Redner in Schwierigkeiten, weil sie sozusagen »dreispurig laufen« müssen:

1. Überlegen, was sie sagen
2. Überlegen, wie sie es sagen
3. Blickkontakt suchen und halten

Der Zwang zum Blickkontakt stört den Redner beim Überlegen dessen, was er sagen will. Deshalb sieht er in die Luft, auf das Pult (wenn er eins hat), auf den Boden, auf den Stichwortzettel und spricht dabei – spricht also ohne Blickkontakt. Das stört dann die Zuhörer. Diese Störung ist aber leicht zu beheben: Sie verlegen einfach das Überlegen über Ihre nächsten Worte in die Pausen. Hier ist das Schema:

In den Redepausen überlegen

1. Sie überlegen, was Sie sagen (ohne Blickkontakt). Sie sehen dabei auf Ihren Stichwortzettel oder über die Hörer hinweg – oder wohin Sie sonst wollen. (Natürlich nicht nach hinten oder aus dem Fenster!)
2. Wenn Sie wissen, was Sie sagen wollen, sehen Sie die Hörer an und sprechen.
3. Wenn Sie dann wieder über Ihre folgenden Ausführungen nachdenken müssen, sehen Sie wieder auf Ihren Zettel – oder wohin Sie sonst wollen – und überlegen, ohne zu sprechen.
4. Wie unter Punkt 2. beschrieben usw.

Sie werden merken, dass das Sprechen Ihnen auf diese Weise viel leichter fällt. Sie fahren nämlich jetzt nicht mehr dreispurig, sondern nur zwei- und einspurig:

- Während Sie sprechen, brauchen Sie nicht zu überlegen.
- Während Sie überlegen, brauchen Sie nicht zu sprechen.

Dadurch haben Sie Zeit und Mut zum Blickkontakt. Außerdem sind die zwangsläufig entstehenden größeren Pausen sehr wohltuend für die Zuhörer. Ich möchte noch einmal eindrücklich betonen, dass es bei einem Gespräch und auch bei einem Vortrag unbedingt notwendig ist, seine Zuhörer oder Gesprächspartner anzuschauen. Woher soll man sonst wissen, wie die Partner auf das Gesprochene reagieren?

- Sind sie einverstanden?
- Lehnen sie den Sprecher und das, was er sagt, ab?
- Hören sie überhaupt zu?

Der Blickkontakt ist wie eine Nabelschnur.
Er verbindet Sprecher und Hörer miteinander.

Eines sollten Sie wissen: Wenn Sie versuchen, den Blickkontakt zu halten, wenn Sie also Ihre Zuhörer ansehen, dann hören Ihnen fast alle diejenigen, die Ihren Blick nicht erwidern, nicht zu. Noch sehr viel mehr Zuhörer hören Ihnen nicht zu, wenn Sie Ihrerseits den Blickkontakt gar nicht erst anbieten.

Natürlich sollen Sie, besonders in einem Gespräch, nicht jemanden die ganze Zeit anstarren; das verunsichert diesen Menschen stark – er zupft an der Krawatte oder fasst sich an die Frisur usw. Bei wenigen Zuhörern können Sie ruhig den Blickkontakt wechseln, einmal den, einmal den ansehen. Bei nur einem Gesprächspartner suchen Sie – wenn Sie sprechen – den Blickkontakt und lösen ihn dann wieder. Also suchen und lösen, damit kein Anstarren daraus wird. Wenn der andere spricht, können Sie ihn ruhig die ganze Zeit ansehen. Er hat dann das gute Gefühl, dass Sie ihm zuhören, sich für seine Meinung interessieren, ihn also ernst nehmen. Bei einer großen Zahl von Zuhörern empfiehlt es sich, den Blick schweifen zu lassen. Obwohl Sie niemanden direkt ansehen, haben dann alle das Gefühl, beachtet zu werden. Und das wirkt sich positiv auf die Beziehungsebene aus.

Vorsicht! Blickkontakt-Falle

Wenn sich unter unseren Gesprächspartnern oder Zuhörern eine Person befindet, die wir für besonders wichtig halten, neigen wir dazu, uns beim Blickkontakt auf diesen Menschen zu beschränken und alle anderen zu vernachlässigen. Dann fühlen sich diese anderen natürlich missachtet und es besteht die Gefahr, dass sie ärgerlich abschalten. Bitte denken Sie daran!

Der Gesichtsausdruck

Wohin sehen wir zuerst, wenn wir einen Menschen kennenlernen? Zumeist in die Augen und in das Gesicht. Fest steht, dass der Gesichtsausdruck (Mimik) des Sprechers einen sehr großen Einfluss auf die Beziehungsebene (Gefühl) des oder der Hörer hat: »Der hat eine Nase wie Onkel Fritz. Onkel Fritz säuft. Also säuft der.« Dazu ein Beispiel:

Beispiel: Ihre Miene überträgt sich

Stellen Sie sich vor, Sie begrüßen hundert Personen. Zum Teil sind sie Ihnen bekannt, zum Teil nicht. Ungesehen werden diese hundert Begrüßungsvorgänge aufgezeichnet. Hinterher werten Sie die Aufzeichnung aus. Sie werden dann feststellen, dass fast alle hundert Personen Ihren Gesichtsausdruck angenommen haben.

Wenn Sie mit einem freundlichen, entspannten Gesicht auf einen Menschen zugehen und ihm die Hand geben, so macht dieser fast immer ein ebenso entspanntes, freundliches Gesicht. Gehen Sie mit einem angespannten, ernsten Gesicht auf ihn zu, so zeigt auch seine Miene Anspannung. Nun ist der Gesichtsausdruck eine Funktion der inneren Stimmung, es besteht eine gegenseitige Abhängigkeit zwischen Gesichtsausdruck und Stimmung. Wenn die Stimmung wechselt, wechselt meistens auch die Miene – und umgekehrt.

Wenn Sie durch die Art Ihrer Begrüßung den Gesichtsausdruck eines Menschen beeinflussen, dann beeinflussen Sie gleichzeitig seine innere Stimmung.

Ähnlich verhält es sich beim Vortragen. Wenn Sie in einem Gespräch oder in einem Vortrag mit ernstem, angespanntem Gesicht sprechen, dann zeigen Sie meistens eine unfreundliche Miene; denn ein angespannter ist von einem unfreundlichen Gesichtsausdruck fast nicht zu unterscheiden. Sie signalisieren Ihren Gesprächspartnern oder Hörern damit die ganze Zeit: »*Unfreundlich – unfreundlich – unfreundlich*« und beeinflussen dadurch deren Beziehungsebene Ihnen gegenüber negativ. Ein schwieriger wissenschaftlicher Vortrag mit entspanntem, freundlichem Gesicht vorgetragen wird besser verstanden und es wird dadurch mehr vom Inhalt behalten, als wenn dieser Vortrag mit einem ernsten, feierlichen oder unfreundlich wirkenden Gesicht gesprochen wird.

Die meisten Menschen machen aber ein angespanntes und dadurch unfreundlich wirkendes Gesicht (Hemmungen, Konzentration), wenn sie ein wichtiges Gespräch führen oder einen Vortrag halten. Das schadet den zwischenmenschlichen Beziehungen und erschwert das Erreichen des Gesprächs-

Anspannung wirkt unfreundlich

oder Vortragsziels. Grundsätzlich sollten Sie anstreben, dass Ihr Gesicht nicht immer denselben Ausdruck zeigt, sondern dass sich in ihm etwas abspielt, dass es Empfindungen spiegelt. Und diese sollten vor allem freundlich sein; denn der Partner hat ein Recht auf Ihre Freundlichkeit. Erst in zweiter Linie hat der Gesichtsausdruck sich nach dem Inhalt des Gesprochenen zu richten.

»Freundlichkeit« hat übrigens nichts mit »Lächeln« zu tun. Ein ewig lächelndes Gesicht nervt und macht misstrauisch.

Beispiel: Derselbe Vortrag, mal freundlich, mal angespannt

In vielen Seminaren habe ich folgenden Versuch gemacht: Ich habe zweimal hintereinander einen kleinen Vortrag mit demselben Wortlaut gehalten, einmal mit angespanntem, »ernstem« Gesicht, einmal mit entspanntem, »freundlichem« Ausdruck. In jedem einzelnen dieser Seminare waren die Zuhörer einhellig der Meinung, mir bei meinem Vortrag mit freundlichem Gesicht wesentlich lieber zugehört zu haben. Sie meinten auch, außer dem Gesichtsausdruck noch andere positive Veränderungen bemerkt zu haben, zum Beispiel mehr und ausdrucksvollere Gesten und einen sympathischeren Klang der Stimme.

Das war ganz richtig beobachtet; denn wir wissen inzwischen, dass der Gesichtsausdruck die innere Stimmung beeinflusst. Wenn sich Ihre Miene aufhellt, dann verändern Sie auch Ihre innere Stimmung in Richtung entspannt und freundlich. Und das hat dann wiederum großen Einfluss auf Ihre gesamte Haltung, auf Ihre Gesten und Ihren Stimmklang und bringt folglich viele positive Punkte auf der Beziehungsebene.

Ein chinesisches Sprichwort bringt es auf den Punkt:
»Ein freundliches Gesicht schlägt man nicht.«

Die Körperhaltung

Ein weiterer Ausdruck der Persönlichkeit ist die Körperhaltung und damit die restliche Körpersprache, denn Blickkontakt und Gesichtsausdruck gehören ja auch zur Körpersprache.

Es gibt beim Sprechen so viele verschiedene Körperhaltungen, wie es Sprecher gibt. Und es gibt viele Seminare und Sprechlehrer, die versuchen, ihren Schülern ganz bestimmte Körperhaltungen aufzuzwingen, sie sozusagen zu dressieren. Das geht nicht gut. Das führt zu Verbiegungen der Persönlichkeit des betreffenden Menschen, dann wirkt er unecht. Und das stört die Zuhörbereitschaft.

Auch hier gilt also wieder der Maßstab: Stört die Körperhaltung die Zuhörbereitschaft der Hörer oder nicht? Deshalb mein Vorschlag: Stellen oder setzen Sie sich beim Sprechen so hin, wie es Ihnen angenehm ist. Das ist für Ihre Partner meistens nicht störend, denn dann wirken Sie natürlich. Das gilt übrigens auch für die Haltung der Arme und der Hände. Es gibt ein paar Fußhaltungen, die störend wirken könnten. Diese sollten Sie besser vermeiden. Beachten Sie dazu folgende Punkte:

- Gewöhnen Sie sich an, leicht gegrätscht zu stehen und beide Füße gleichmäßig zu belasten.
- Belasten Sie die Füße nicht abwechselnd; sonst wirken Sie wie ein »schwankendes Rohr«.
- Bringen Sie die Füße nicht in Schrittstellung; sonst besteht die Gefahr, dass Sie vor- und zurückpendeln.
- Schlagen Sie nicht einen Fuß um die Wade des anderen Beines und stellen Sie den Fuß nicht seitwärts bzw. nach hinten auf die Fußspitze oder auf die Ferse, weil Sie so keinen festen Boden unter den Füßen haben. (Das geschieht oft hinter einem Pult.)
- Trippeln Sie nicht hin und her; das wirkt ängstlich.
- Gehen Sie nicht ziellos umher; das wirkt unruhig.

Tipps zur Beinhaltung

Sie können durchaus gehen, wenn Ihnen das Stillstehen schwerfällt. Aber Ihre Wege müssen »gezielt« sein, der Zuhörer (Zuschauer!) muss einen Sinn in Ihrem Gang entdecken: Wenn Sie zum Beispiel nach rechts vorne gehen, dann sprechen Sie die rechts sitzenden Zuhörer an. Wenn Sie mehr nach links vorne gehen, sprechen Sie mehr die links sitzenden Personen an. Damit erreichen Sie oft, dass gerade die nicht angesprochene Seite besonders gut zuhört (natürlich nur für kurze Zeit).

Haltung hinter dem Pult

Wenn Sie hinter einem Pult stehen, lassen Sie bitte nie die Arme hängen. Je nachdem, wo die Zuhörer sitzen, sehen sie Ihren Körper aus verschiedenen Perspektiven: Sitzen sie weiter hinten, sehen sie mehr von Ihrem Oberkörper, weiter vorne sehen sie weniger von ihm. Immer aber durchschneidet das Pult Ihren Oberkörper im Auge des Betrachters an irgendeiner Stelle. Und diese Stelle teilt das Verhältnis des sichtbaren Körpers zum Pult fast nie im goldenen Schnitt – also nie harmonisch. Alles aber, was nicht harmonisch ist, wirkt disharmonisch und stört – also auch Ihr abgeschnittener Körper. Wenn Sie nun die Arme oder Hände auf das Pult legen, wird diese Teilung unterbrochen, weil sie zu einem großen Teil von den Armen verdeckt wird.

Ihren Oberkörper halten Sie möglichst gerade. Das signalisiert Selbstbewusstsein. Locker und entspannt – also nicht verkrampft – sollte Ihre ganze äußere Haltung sein; denn nur so können Sie die innere – durch das Lampenfieber hervorgerufene – Verkrampfung verringern und beseitigen. Atmen Sie immer wieder durch, dann löst sich die Anspannung.

Die Gesten der Arme und Hände gehören auch zur Körperhaltung. Wir alle finden unsere Hände sehr wichtig. Man kann sehr viel Schönes und Nützliches mit ihnen machen, und keiner von uns möchte sie entbehren. Wenn wir aber vor eine Gruppe von Menschen gestellt werden, um zu ihnen zu reden, dann haben wir plötzlich mit unseren Händen große Schwierigkeiten. Wir wissen nicht, wohin damit. Mal stecken wir sie in die Taschen, wenn wir welche haben, mal legen wir sie auf den Rücken, mal verschränken wir die Arme. Warum lassen wir sie nicht einfach hängen? So sind sie nämlich gewachsen. Doch dazu sind wir oft zu verkrampft.

Mit einem Zettel die Hände beruhigen

Wenn Sie Schwierigkeiten mit der Haltung der Hände beim Reden haben sollten, dann empfehle ich Ihnen Folgendes: Nehmen Sie einen Zettel in die Hand. Es braucht gar nichts draufzustehen. Sie glauben gar nicht, wie gut Sie sich daran festhalten können. Ihre Hand ist untergebracht. Wenn sie nicht da wäre, würde ja der Zettel herunterfallen. Und das will niemand. Deshalb toleriert man ihn in Ihrer Hand. Die andere Hand können Sie dann leichter hängen lassen. Oder Sie stecken sie in die Tasche (wenn Sie sicher sind, dass dies Ihre Zuhörer nicht stört). Wenn Sie ganz ängstlich sind, können Sie den Zettel ruhig mit beiden Händen anfassen. Entscheidend ist hier wieder, ob Ihre Handhaltung für Ihre Partner unangenehm anzusehen ist oder nicht. Sie wissen schon: wegen der Beziehungsebene.

Keine Gesten stören nicht! In vielen Büchern und Seminaren wird gelehrt, man möge möglichst eindrucksvolle Gesten machen. Da gibt es Gesten der Zustimmung, der Ablehnung usw. Ich halte gar nichts davon. Manche Menschen machen nicht gerne Gesten. Denen liegt das nicht. Sollen diese Menschen sich etwa dazu zwingen? Sollen sie sich Gesten andressieren? Wenn jemand gut spricht und dabei keine Gesten macht, dann merken die Partner das gar nicht. Aber falsche Gesten, also solche, die angelernt sind und nicht von selber kommen, die können unangenehm anzusehen sein und (unbewusst) die Zuhörbereitschaft stören. Darum meine Empfehlung: Vergessen Sie Gesten. Denken Sie überhaupt nicht daran. Die Gesten, die dann von selber kommen, die stimmen meistens. Sie entwickeln sich nämlich aus der eigenen Körperlichkeit und aus der eigenen geistigen Haltung. Einverstanden? Es gibt übrigens viele kluge Bücher und auch Seminare über Körpersprache. Aber ich habe mich damit nie so recht anfreunden können. Nach einiger Übung habe ich durchaus gelernt, zu sehen, ob die Körpersprache meines Partners mit dem, was er sagt, übereinstimmt. Nur: Ich kann mit der Erkenntnis wenig anfangen, denn ich muss mich ja an das halten, was er sagt.

3. Rede, Vortrag, Referat, Präsentation – alle leben vom Reden

»Nur Ihre Ziele geben Ihrem Leben Wert.«

Was will ich erreichen und bei wem?

Wer spricht, will etwas. Wer einen Vortrag hält oder eine Rede oder ein Referat oder eine Präsentation (das ist alles dasselbe!), will also auch etwas. Er will eine Anzahl von Zuhörern informieren oder beeinflussen oder begeistern oder unterhalten oder würdigen oder beschimpfen oder alles zusammen oder einiges von dem. Dafür muss er sich sorgfältig vorbereiten. Dafür müssen auch Sie sich intensiv vorbereiten.

Bevor Sie auch nur einen Gedanken an die Vorbereitung einer Rede verschwenden, müssen folgende Fragen beantwortet sein:

1. Was will ich erreichen?
   Das ist gar nicht so einfach zu beantworten, denn jedes ernsthafte Redevorhaben hat, wie schon mehrmals erwähnt, immer diese zwei Ziele:
   - Möglichst viele sollen zuhören.
   - Möglichst viele sollen den Inhalt verstehen und bejahen.

Dabei ist das Erreichen von Ziel 1 die unbedingte Voraussetzung für das Erreichen des Zieles 2. Alleinige Voraussetzung für die Beschäftigung der Zuhörer mit dem Inhalt der Rede (Ziel 2) ist also die Art und Weise, wie Sie es schaffen, die Menge der vor Ihnen Sitzenden oder Stehenden zu wirklichen Zuhörern zu machen (Ziel 1).

2. Bei wem will ich diese Ziele erreichen, wer sind meine Zuhörer?
3. Welche Vorteile haben die Zuhörer, wenn sie das, was ich sage (Inhaltsziel), bejahen?

Wie verfolge ich meine Redeziele?

Zu 1.: Wenn ich meine Redeziele erreichen will, muss ich möglichst partnerfreundlich sein:
- die Meinung meiner Hörer ernst nehmen,
- ihnen das Zuhören so leicht wie möglich machen, also Störungen der Zuhörbereitschaft (Kapitel 2) vermeiden.

Der Inhalt der Rede, also das, was Sie sagen müssen, steht meistens fest. Er ist vorgegeben. Daran können weder Sie als Redner noch die Zuhörer etwas ändern. Entscheidend für den Erfolg, also das Erreichen Ihrer Redeziele, ist Ihr Sprechen, ob Sie es schaffen, den vorgegebenen Inhalt so zu formulieren, dass die Zuhörer
- diesen interessant genug finden, um ihn zu speichern (Informationen durch wissenschaftlichen Vortrag,

Vorstellung eines Projektes, Schilderung eines Vorfalls usw. = *Sachrede*),
- diesen für richtig halten, um sich in seinem Sinne zu verhalten (Appell, etwas zu tun, zu denken, nicht zu tun durch politische Rede, Motivation von Mitarbeitern, Vereinsmitgliedern, Plädoyers im Prozess usw. = *meinungsbildende Rede*),
- die Verdienste des zu feiernden Menschen oder der zu feiernden Institution zu erkennen (durch Jubiläums-, Abschieds-, Trauer-, Geburtstagsrede usw. = *Gesellschaftsrede*).

Zu 2.: Es ist sehr wichtig, die Zusammensetzung und die Mentalität Ihrer Zuhörer zu kennen:
- Wie stehen sie zum Inhalt des Gesagten?
- Welche Vorurteile haben sie?
- Wie stehen sie zu Ihrer Person? Usw.

Zu wem spreche ich?

Eine genaue Analyse ist notwendig, damit Sie Ihre Argumente entsprechend formulieren können.

Zu 3.: Fast jeder Mensch wird aufmerksam, wenn er sich irgendeinen Vorteil verspricht. Deswegen ist es enorm wichtig, dass Sie alles, was Ihre Zuhörer an Vorteilen (oder Vermeidung von Nachteilen) in Ihren Ausführungen für sich finden könnten, so deutlich wie möglich herausstellen, z. B.: wichtige Informationen, interessante Vorschläge, Verbesserung von Lebensqualität, materielle Vorteile usw.

Was haben meine Zuhörer von meinem Vortrag?

Das alles sollten Sie vor Herstellen des Redekonzepts genau wissen, um es an den richtigen Stellen einbauen zu können.

Also auf geht's!

Die Stufenleiter zum Redeerfolg

Zunächst ein Überblick: Jede Rede, die mehr ist als eine lockere Unterhaltung, besteht aus folgenden Teilen (wenn Sie sich dabei an Ihre Schulzeit erinnert fühlen, warum nicht?):

- Anrede (je nach Zuhörern unkonventionell oder konservativ)
- Einleitung (»Human Touch«, evtl. Überschrift des Inhalts)
- Hauptteil (auf die zwei Redeziele »Zuhören« und »Bejahen« ausgerichtet, alle Redeteile übersichtlich, einfach, anregend und umkehrbar formuliert)
- Schluss (Zusammenfassung und/oder positiver Ausblick bzw. Aufruf)

Die Anrede

Leider muss ich mich dauernd wiederholen, wenn ich sage: »*Was jetzt kommt, ist sehr wichtig!*« Aber ich habe damit recht, denn jeder Teil einer Rede muss intensiv daran mitarbeiten, die Redeziele (Zuhören, Verstehen und Bejahen) zu erreichen. Bitte schlagen Sie noch einmal den Abschnitt *Wie du kommst gegangen ...* auf. Dort lesen Sie, wie sehr ein freundliches Gesicht und eine angenehme Begrüßung die Stimmung beeinflussen können. Mit der Anrede in einem Vortrag ist es nicht anders. Wenn Sie es da verstehen, durch Ihr freundliches Lächeln und eine Begrüßung, die Ihre Zuhörer positiv einstimmt, die Zuhörbereitschaft zu erhöhen, dann haben Sie schon viel gewonnen, denn das Tor zum Ziel »Zuhören« wird weit aufgemacht.

Die normale Anrede heißt immer noch: »*Meine Damen und Herren!*« Dazu gibt es Variationen wie: »*Sehr verehrte Damen, sehr geehrte Herren!*« oder Ähnliches. Es werden immer wieder Versuche gemacht, von diesen Standardanreden wegzukommen. Aber nur wenige gelingen. Allzu sehr vom üblichen Schema abweichende Anreden stimmen oft nicht mit der Erwartungshaltung der Zuhörer überein und können stören. Trotzdem: Wenn Ihnen etwas Gutes einfällt, etwas, was Ihren Hörern gefallen könnte, dann sagen Sie es.

Mir fällt dazu ein, dass ich einmal vor einer Versammlung von Mitgliedern einer Industrie- und Handelskammer über das Thema: »*Mehr Frauen an die Macht*« *gesprochen habe (schon das Thema hatte ich möglichst unkonventionell zu formulieren versucht). Begonnen habe ich:* »*Meine sehr verehrten, lieben Damen – geehrte Herren – damit Sie gleich merken, wo meine Prioritäten liegen!*« *Es gab einiges Gelächter und eine positive Stimmung. Das hatte ich mir allerdings vorher überlegt, denn so etwas zu improvisieren ist gefährlich. Also weichen Sie nur dann vom Schema ab, wenn Ihnen etwas Gutes und Ungefährliches einfällt.*	**Beispiel: launige Begrüßung**

Wenn es eine hochoffizielle Veranstaltung ist und Sie die Aufgabe haben, die Gäste zu begrüßen, sollten Sie bestimmte Regeln einhalten, etwa den Bundestagsabgeordneten vor dem Landtagsabgeordneten begrüßen, den Politiker vor dem Beamten usw. Es gibt einige sehr gute Bücher über Protokollfragen, in denen Sie Näheres nachlesen können.

Bei jüngeren Menschen – Studenten und Schülern – wird überhaupt nicht mehr angeredet. Sie fangen oft gleich mit dem Text ihres Vortrags oder Referats an. Wenn Sie vor diesen Zielpersonen reden, empfehle ich Ihnen, dies auch zu tun, es sei denn, Ihnen fällt etwas ein, was positiv akzeptiert werden könnte.

Die Einleitung

In der Einleitung fällt häufig schon die Entscheidung darüber, ob man Ihnen zuhört oder nicht. Und diese Entscheidung der Zuhörer hängt allein vom Redner ab – also von Ihnen. Die Erklärung ist einfach: In der Einleitung sind Sie noch nicht an den Stoff, an Ihr Thema, gebunden. In der Einleitung können Sie im Prinzip noch sagen, was Sie wollen. Diese Freiheit könnten und sollten Sie dazu nutzen, um Ihre Zuhörer für sich – für Ihre Person und damit auch für Ihr Thema – zu gewinnen. Wodurch können Sie das erreichen? Durch zwei Aussagen:

- Indem Sie sich vorstellen (falls Sie den Zuhörern nicht oder wenig bekannt sind).
- Indem Sie etwas sagen, was die Zuhörer freut, was sie zu einer positiven Reaktion veranlasst (»Human Touch«).

Zu Ihrer Vorstellung ist Folgendes zu bedenken: Der Erfolg der Markenartikelwerbung beruht im Wesentlichen darauf, dass die Hausfrau im Selbstbedienungsladen nach den Artikeln greift, die sie kennt. Es ist eine menschliche Eigenschaft, das Bekannte dem Unbekannten vorzuziehen. Das Unbekannte erregt Misstrauen: »*Das kenne ich nicht. Was steckt dahinter?*«

Sie sind zu einer Party mit vielen anderen Personen eingeladen. Sie kennen niemanden und finden die Veranstaltung äußerst langweilig. Endlich kommt jemand, den Sie kennen, den Sie aber eigentlich gar nicht leiden mögen. Trotzdem begrüßen Sie diesen Menschen wie einen guten Freund – aus Freude darüber, endlich auf ein bekanntes Gesicht zu treffen. Also auch hier: Das Bekannte wird dem Unbekannten vorgezogen.

Beispiel: In der Anonymität wird der Unsympathische sympathisch

So geht es auch Ihren Zuhörern, wenn Sie sich ihnen vorstellen: Oft ist mit der Vorstellung ein »Aha-Erlebnis« verbunden. Sie haben es ungefähr gewusst, aber jetzt wissen sie es genau: »*Wer ist das? Aha, die oder der!*« Sie sollten bei dieser Vorstellung möglichst ausführlich und vielleicht auch fröhlich sein: »*Ich heiße Harald Scheerer und war in meinem früheren Leben Professor für angewandte Rhetorik an der Hochschule Pforzheim.*« Ebenso wichtig ist, dass Sie während der Einleitungsphase etwas sagen, was Ihre Zuhörer freut, sie positiv berührt. Natürlich darf das Gesagte nicht gequält oder gewollt klingen. Es muss gut überlegt sein und ist deshalb ein wichtiger Bestandteil Ihrer Vorbereitung. Was Sie da sagen, muss nämlich zu Ihnen und zum Inhalt Ihrer Rede passen und es muss Ihren Zuhörern gefallen. Welche Möglichkeiten haben Sie?

- Sie können einen Witz oder eine Anekdote erzählen. Sie müssen dabei berücksichtigen, dass dieser Scherz einen Bezug zu dem hat, über das Sie später reden wollen, damit er zum Thema hinführt. Wenn Sie nämlich etwas erzählen, was gar nichts mit Ihrem Thema zu tun hat, dann wird in den Zuhörern eine völlig falsche Erwartungshaltung aufgebaut. Das kann Unbehagen hervorrufen.
- Sie können etwas Freundliches über den Ort sagen, an dem Sie sprechen. Das hat natürlich nur Sinn, wenn die

Mögliche Redeeinstiege

Zuhörer in diesem Ort wohnen und wenn das, was Sie sagen, auch stimmt.
- Sie können sich freuen, dass so viele Zuhörer gekommen sind oder auch darüber, dass Sie die Gelegenheit haben, über dieses Thema zu sprechen. Aber das können Sie nur sagen, wenn Sie es begründen: »*Ich freue mich sehr, dass so viele gekommen sind. Ich freue mich deshalb, weil ich dieses Thema für überaus wichtig halte und mir sehr viel daran liegt, es Ihnen nahezubringen.*« »*Ich freue mich, dass ich heute die Möglichkeit habe, zu Ihnen über ein Thema zu sprechen, das mir sehr am Herzen liegt und das für uns alle große Bedeutung gewinnen könnte.*«

Eine Begründung für Ihre Freude ist notwendig; sonst werden Ihre Worte zur Floskel. Sie sollten sich bei diesem »Human Touch« nicht auf den Zufall verlassen, sondern ihn sorgfältig vorbereiten. Wenn Ihnen nichts einfällt, lassen Sie es lieber bleiben.

Beispiel: auf die Situation eingehen

Manchmal kommt einem der Zufall zur Hilfe. So musste ich vor einigen Jahren die Jubiläumsrede beim fünfzigjährigen Jubiläum einer Maschinenfabrik halten. Siebenhundert Menschen waren anwesend. Zwölf Redner und ein Quartett kamen vor meiner Festrede an die Reihe. Als ich schließlich zum Rednerpult ging (nach zwei Stunden und zehn Minuten!), waren die Zuhörer – Mitarbeiter und Gäste der Firma – äußerst erschöpft, hungrig und wahrscheinlich innerlich nicht bereit, sich jetzt noch die Festrede anzuhören. Ich begann deshalb:

»Meine sehr verehrten Damen, meine Herren! Ein altes deutsches Sprichwort sagt: Den Letzten beißen die Hunde. Gott sei Dank sind Sie keine, sodass ich solches von Ihnen nicht zu befürchten habe. Aber dass ich mich jetzt noch zwischen Sie und das kalte Buffet dränge, das schmerzt mich tief.«

Alle lachten, klatschten, waren bereit, mir zuzuhören: »Human Touch«! Auf solche Zufälle kann man sich natürlich nicht verlassen.

Dieser Redebeginn hatte übrigens noch ein Nachspiel: Der Direktor des örtlichen Knabengymnasiums, der als Gast anwesend war, schrieb mir wörtlich: »… *wie Sie angefangen haben, das war eines deutschen Professors unwürdig!*«

Oft empfiehlt es sich, in der Einleitung Ihrer Rede anzugeben, über welches Thema Sie sprechen wollen und was Sie mit Ihren Worten erreichen möchten: »*Wir alle sind hier, um uns die Verdienste von Frau Erika Schmidt, ich möchte sagen ›auf der Zunge zergehen zu lassen‹.*«

Die Angabe des Themas

Bitte halten Sie sich immer vor Augen:

Wie der Sprecher, so die Botschaft.

So, wie Sie bei Ihren Zuhörern ankommen, wie Sie es verstehen, die Beziehungsebene zwischen sich und Ihren Hörern positiv zu gestalten, so wird auch Ihre Botschaft, der Inhalt Ihrer Rede aufgenommen. Um es noch einmal zu sagen: In der Einleitung entscheidet es sich meistens, ob man bereit ist, Ihnen Aufmerksamkeit zu schenken oder nicht. Je positiver die Beziehungsebene, desto höher diese Bereitschaft.

Der Hauptteil

Im Hauptteil der Rede kommen Sie nun zu Ihrem eigentlichen Thema, zum Inhalt. Hier sind die Redeziele »Zuhören«, »Verstehen« und »Bejahen« von entscheidender Wichtigkeit, denn wenn Sie diese Redeziele nicht erreichen, brauchen Sie gar nicht erst zu sprechen. Nur wegen des Hauptteils reden Sie ja. Er enthält Ihr Anliegen. In ihm müssen Sie Ihren Hörern klarmachen, dass das, was Sie sagen, für jeden unter ihnen von unmittelbarer Bedeutung ist. Deshalb muss dieser Hauptteil besonders partnerfreundlich gestaltet werden. Am Inhalt selbst können Sie ja nichts Grundlegendes verändern. Also müssen Sie den Weg über die Formulierung nehmen.

Um Ihre Redeziele zu erreichen, bieten sich folgende Formulierungshilfen an:

- übersichtlich und einfach
- anregend
- umkehrbar

»Übersichtlich« und »einfach« statt »durcheinander« und »kompliziert«

Zur Übersichtlichkeit gehört, auch wenn Sie es für unwichtig erachten, eine für den Zuhörer merkbare Gliederung, die eine gute Übersicht über den ganzen Vortrag gibt. Wenn Sie Ihren Vortrag gliedern, zwingen Sie sich außerdem selbst zu einem logischen Aufbau, der die Verständlichkeit erhöht. Dabei sollten Sie bei schwierigen Inhalten die Gliederung unbedingt mit vortragen, denn die einzelnen Gliederungspunkte sind für den Hörer Kristallisationspunkte für die zu diesem Aspekt vorgetragenen Gedanken. Oft behält der Hörer lediglich die Gliederungspunkte, und das wäre schon viel wert! Sprechen Sie die Gliederung laut und deutlich mit, am besten wäre es, wenn Sie dies zweimal machen würden, etwa so: Sie sagen gleich am Anfang des Hauptteils:

> »Ich habe vor, über Folgendes zu sprechen:
> 1. Über unser neues Projekt ›Sonnenschein‹
> 2. Über seine Realisierung
> 3. Über seine Erfolgschancen
> Ich komme jetzt zu Punkt 1.: Unser neues Projekt Sonnenschein ...« usw.

Bei den nächsten Gliederungspunkten machen Sie es ebenso. Dann haben Ihre Zuhörer jeden Punkt zweimal gehört. Es ist erwiesen, dass eine doppelt mitgesprochene Gliederung zum besseren Verständnis beiträgt, weil mehr behalten wird.

Wie Sie gliedern, hängt vom Thema ab. Es gibt meistens mehrere Möglichkeiten. Welche Sie wählen, ist nicht so wichtig wie die Tatsache, dass Sie überhaupt gliedern und die Gliederung mitsprechen.

- Oft ist es möglich, nach Sachgebieten zu gliedern (wie oben):
  1. Projekt, 2. Realisierung, 3. Erfolgschancen.

- Eine andere Möglichkeit ist, eine Gliederung nach der Systemanalyse vorzunehmen:
  1. Bestandsaufnahme mit Prognosen (Situations-Analyse)
  2. Ziele, die Sie aus der Bestandsaufnahme entwickeln
  3. Maßnahmen, mit denen Sie diese Ziele zu erreichen gedenken.

Wie gesagt, wie Sie gliedern, ist nicht so wichtig; es muss aber natürlich dem Thema angepasst sein. Notwendig ist jedoch, dass Sie überhaupt gliedern und diese Gliederung den Zuhörern deutlich machen.

Hier im Hauptteil Ihrer Rede ist es besonders wichtig, dass Sie auch die anderen Regeln für zuhörerfreundliches Formulieren beachten und berücksichtigen. Alle anderen Ratschläge, die ich durchaus noch geben könnte, sind problematisch; denn ob Sie Gründe und Beweise, Beispiele, Vergleiche, Zeugenaussagen, Argumente usw. bringen und welche Sie auswählen, hängt ausschließlich von Ihrem Thema und von Ihrem inhaltlichen Redeziel ab. Beides kenne ich nicht.

Auch Gespräche gliedern

Auch bei wichtigen Gesprächen, insbesondere bei Mitarbeiter- oder Konfliktgesprächen, ist es vorteilhaft, wenn der Gesprächsführer sich eine Gliederung macht und diese mit dem Partner bespricht.

Vorsicht bei Fachsprache!

Bitte denken Sie daran: Ihre Fachsprache wird nicht von jedem verstanden. Für Sie ist es Umgangssprache, für Ihre Gesprächspartner oder Zuhörer sind es vielleicht »Böhmische Dörfer«, er versteht Sie nicht. Wenn also einige Ihrer Gesprächspartner oder Zuhörer nicht vom Fach sind, müssen Sie Fremd- und Fachwörter übersetzen, sonst werden Sie nicht verstanden und machen einen negativen Eindruck auf der

Beziehungsebene. Ebenso gefährlich ist die Verwendung von in Ihrer Fachsprache oder in Ihrem Unternehmen gebräuchlichen Abkürzungen. Sie merken dies oft gar nicht, denn für Sie gehört das zum täglichen Sprachgebrauch.

»Hauptsätze, Hauptsätze, Hauptsätze ...«
(Kurt Tucholsky)

Vor allen Dingen aber heißt »Einfach formulieren« möglichst wenige Nebensätze zu sprechen. Hauptsätze sind viel einfacher, leichter anzuhören und zu verstehen. Also: Hauptsätze, Hauptsätze, Hauptsätze! Das ist zwar nicht besonders literarisch, aber einprägsam.

»Einfach formulieren« macht es den Zuhörern also leichter, Ihnen zuzuhören. Das schätzt jeder, es gibt positive Punkte auf der Beziehungsebene und Sie kommen Ihren Redezielen »Zuhören« – »Verstehen« – »Bejahen« ein gutes Stück näher.

»Anregend« statt »langweilig«

Es ist ganz wichtig, den mehr oder weniger vorgegebenen Inhalt Ihres Vortrags anschaulich, mithin anregend zu formulieren, damit die Partner gerne zuhören. Wie machen Sie das? Entscheidend ist es, dass Sie so sprechen wie sonst auch. So, wie Sie mit den Menschen reden, die Ihnen nahestehen, nur etwas lauter. Kein Schriftdeutsch also, sondern Ihr normales Umgangsdeutsch (wenn es nicht gerade Dialekt oder Slang ist). Die meisten Menschen meinen, sie müssten sich möglichst »fein« ausdrücken, wenn sie zu einer Gruppe sprechen oder eine Verhandlung führen. Sie reden dann »nach der Schrift«, somit »Schriftdeutsch«. Das klingt gestelzt und entspricht nicht dem, was Ihre Zuhörer erwarten. Diese erwarten »Umgangsdeutsch«, ein Deutsch, das sie gewohnt sind, zu hören. Im Schriftdeutschen gibt es viel mehr Schachtelsätze (Nebensätze), beim Sprechen nicht verwendete Wortstellungen und mehr Wörter aus dem sogenannten *passiven Wortschatz*. Dieser passive Wortschatz besteht aus Wörtern, die die meisten zwar kennen, aber nicht beim Sprechen verwenden.

Hier ein Beispiel: »*Der Knabe schreitet in das Gehölz.*« Das würde höchstens ein Ausländer sagen, der nach einem Lehrbuch Deutsch lernt. Jeder von uns würde vermutlich sagen: »*Der*

Junge geht in den Wald.« Wir verstehen das zwar auch: *»Der Knabe schreitet in das Gehölz.«* Aber wir würden nicht so sprechen, denn sowohl *»Knabe«* wie auch *»schreiten«* und *»Gehölz«* gehören in diesem Zusammenhang zum passiven Wortschatz, sind also für Hörer ungewohnt.

Schriftdeutsch zu sprechen stört Hörer und Gesprächspartner, bringt negative Punkte auf der Beziehungsebene und verführt zum Weghören.

Was gehört noch zum anregenden Formulieren?

Weitere Formulierungen, die ebenfalls zuhörergerecht wirken und dadurch einen Text interessant erscheinen lassen, sind: »Sie« oder »Ihr« statt »man«.

»Sie« statt »man«

»Wenn man Skilaufen kann, hat man ungeahnte Erlebnisse: Man hat die Möglichkeit, die Sonne morgens über dem unberührten Schnee aufgehen zu sehen. Man lernt die Landschaft aus Perspektiven kennen, aus denen sie der Fußgänger nie zu sehen bekommt. Man erlebt den Rausch der Geschwindigkeit und man hat auch abends beim Après-Ski noch einige fröhliche Stunden.«

Beispiel: Man-Formulierung

»Wenn Sie Skilaufen können, dann haben Sie ungeahnte Erlebnisse: Sie haben die Möglichkeit, die Sonne morgens über dem unberührten Schnee aufgehen zu sehen. Sie lernen die Landschaft aus Perspektiven kennen, aus denen sie der Fußgänger nie zu sehen bekommt. Sie erleben den Rausch der Geschwindigkeit und Sie haben auch abends beim Après-Ski noch einige fröhliche Stunden.«

Beispiel: Sie-Formulierung

Merken Sie den Unterschied? Das »Sie« oder auch das »Ihr« (oder das »Du«) wirken sehr viel persönlicher – und dadurch interessanter – als das »man«. Das macht das Gehörte anregender, bringt positive Punkte auf der Beziehungsebene und lässt einen lieber zuhören.

3. REDE, VORTRAG, REFERAT, PRÄSENTATION

Vorteil und Nutzen aufzeigen

Kaum ein Mensch ist im Allgemeinen interessiert an dem, was wir ihm sagen wollen oder zu sagen haben. Aber jeder Mensch ist nahezu immer an der Antwort auf eine einzige Frage interessiert. Und die heißt: »*Was nützt es mir?*« Was nützt es mir, wenn ich zuhöre? Was nützt es mir, wenn ich das tue oder lasse, was dieser Mensch mir sagt? Dabei denken die Zuhörer natürlich nicht laufend darüber nach, was Sie ihnen Nützliches sagen. Sie merken es meistens überhaupt nicht. Sie müssen es ihnen vielmehr deutlich machen. Sie müssen ganz ausformulieren, was für den Hörer alles nützlich sein könnte.

- Sagen Sie nicht: »*Die Gleitzeit ist eine sehr vorteilhafte Angelegenheit*«, sondern: »*Durch die Gleitzeit können Sie Ihre Arbeitszeit ganz individuell einteilen.*«
- Sagen Sie nicht: »*Wenn wir den Teich einzäunen, ist die Gefahr beseitigt*«, sondern sagen Sie: »*Wenn wir den Teich einzäunen, können unsere Kinder ohne Gefahr spielen, und wir Eltern brauchen nicht dauernd Angst zu haben.*«

Merken Sie den Unterschied? Sie müssen Ihre Zuhörer mit der Nase auf das stoßen, was ihnen nützt und wie es ihnen nützt. Dadurch wird ein Vortrag oder ein Gespräch anregender, und jeder Partner wird unmittelbar interessiert.

Beispiel: Verkauf

Am besten kann ich es am Beispiel des Verkäufers klarmachen: Der normale Verkäufer kennt die Eigenschaften seines Produktes und er zählt sie dem Kunden auf:
»Herr Kunde, diese Maschine ist verchromt, sie ist ergonomisch hervorragend konstruiert, sie ist äußerst preiswert.«
Der gute Verkäufer kennt diese Eigenschaften natürlich auch, aber er zählt sie nicht auf, sondern übersetzt sie in Vorteile für den Kunden: »Herr Kunde, weil die Maschine verchromt ist, können Ihre Mitarbeiter sie viel besser reinigen. Außerdem ist sie ergonomisch hervorragend konstruiert, sodass Ihre Mitarbeiter bei der Arbeit nicht ermüden. Durch den überaus günstigen Preis könnten Sie sich bei Bedarf noch das Zusatzgerät einbauen.«

Merken Sie den Unterschied?

Mit Namen anreden

Es ist wiederholt bewiesen worden, dass jeder Mensch am liebsten seinen eigenen Namen hört. Also reden Sie Ihren Gesprächspartner während des Gesprächs immer mal wieder an (in Maßen!). Auch bei einem Vortrag kann es sehr anregend wirken, einige Zuhörer mit Namen zu zitieren: *»Wie Sie, Frau Lehmann, mir neulich gesagt haben ...«*

Rhetorische Fragen

Besonders bei sehr sachlichen Gesprächen und Referaten schleicht sich leicht Langeweile ein. Das können Sie mit rhetorischen Fragen verhindern oder zum Mindesten abmildern. Sagen Sie also nicht: *»Das Werk hat einen Ausstoß von 50 Tonnen täglich.«* Sondern fragen Sie: *»Was glauben Sie, wie hoch der Ausstoß dieses Werkes ist?«* Oder Sie sagen an anderer Stelle: *»Was meinen Sie, was dann passiert ist?«*

Die Antworten geben Sie jeweils selbst. Es ist erwiesen, dass rhetorische Fragen die Aufmerksamkeit wach halten.

Beispiele, Beispiele, Beispiele

Am meisten regen Beispiele an: Stellen Sie nicht etwas abstrakt in den Raum, sondern belegen Sie es durch Beispiele: *»Sehen Sie sich bitte mal den Grundriss der Dorotheenhütte an, und Sie können genau sehen, was ich meine.«* *»Da ist mir neulich etwas Merkwürdiges passiert ...«* *»Bitte stellen Sie sich vor ...«*

Umkehrbar statt partnerfeindlich

Die folgende Formulierungshilfe sollten Sie verinnerlichen, denn sie ist Bestandteil Ihrer Verhaltensänderung in Richtung auf das partnerfreundliche Verhalten und ist ein Aggressionskiller. Für erfolgreiche Verhandlungen ist sie ein absolutes Muss. Aber auch bei Reden ist sie nützlich und notwendig: die umkehrbare Formulierung (siehe Kapitel 1).

Beispiel: Umschulung

Sie sprechen vor Mitarbeitern, die aus irgendeinem Grund umgeschult werden sollen:
»... was Sie bisher getan haben, hat in Zukunft keinen Nutzen mehr für die Firma. Auch Sie selbst sind völlig nutzlos, solange Sie nichts Neues gelernt haben ...«

Wenn Ihnen so etwas gesagt würde, wäre Ihr Selbstwertgefühl ganz schön angeschlagen. Es ist nicht umkehrbar und damit partnerfeindlich und demotivierend. Es lässt sich aber auch umkehrbar ausdrücken:

> »... Sie haben bisher einen guten Job gemacht. Leider fällt Ihr Bereich in Zukunft fort und Sie wollen der Firma an anderer Stelle gute Dienste leisten, dafür ...«

Das ist umkehrbar und motivierend.

Der Schluss

Der Schluss Ihrer Rede ist besonders wichtig; denn was am Ende gehört wird, wird am längsten behalten (hoffentlich!). Manchmal behalten die Zuschauer überhaupt nur den Schluss, weil sie während des Hauptteils geschlafen oder an etwas anderes gedacht haben. Deswegen ist es wichtig, den Schluss ebenso sorgfältig vorzubereiten wie die Einleitung und den Hauptteil – vielleicht sogar noch sorgfältiger.

Sie haben hier – am Schluss – die Möglichkeit, noch einmal ein Miniaturmodell dessen zu zeigen oder zu sagen, was Sie eigentlich wollen – eine deutliche Zusammenfassung Ihres Redeziels zu geben. Bei motivierenden Reden oder Redeteilen können Sie mit einem Aufruf schließen, sich im Sinne Ihres Redeziels zu verhalten, zum Beispiel: den vorgeschlagenen Kandidaten zu wählen, einen bestimmten Gegenstand zu kaufen, den Vorschlag anzunehmen oder abzulehnen usw.

Ein guter Schluss kann eine mäßige Rede herausreißen. Ein schlechter Schluss kann eine gute Rede entwerten.

Deswegen sollten Sie den Redeschluss wie einen Baustein vorbereiten, den Sie jederzeit einsetzen könnten. Es kommen durchaus Fälle vor, bei denen Sie gezwungen sind, früher zu enden: zum Beispiel, weil Ihre Vorredner die Redezeit überzogen haben und nun das Essen schon auf dem Tisch steht. Einen sorgfältig vorbereiteten Schluss können Sie auch dann bringen, wenn Sie noch mitten in Ihrer Rede stecken. Sie haben so trotzdem eine gute Abrundung und einen guten Abgang.

Es gibt Redner, die erreichen einen besonders wirkungsvollen Schluss durch eine Geschichte oder eine Anekdote, durch einen Vergleich oder irgendeine witzige Pointe. Das ist gefährlich. Je besser die Schlusspointe ist, desto sicherer werden die Zuhörer sie behalten und desto stärker werden sie vom eigentlichen Redeziel abgelenkt. Man könnte von einer Art »Vampireffekt« sprechen. Die gute Anekdote oder Pointe saugt (wie ein Vampir) der Rede das Blut (Redeziel) aus. Man sollte sie nur verwenden, wenn sie ganz eng mit dem Redeziel verbunden ist.

Gefährlich: die Schlusspointe

Seit einer Reihe von Jahren hat es sich eingebürgert, als Abschluss eines Vortrags zu sagen: *»Ich bedanke mich für Ihre Aufmerksamkeit.«* Eigentlich sollten Ihre Zuhörer sich bei Ihnen für Ihren brillanten Vortrag bedanken! Das tun sie aber meistens nicht. Wenn Sie Ihre Zuhörer am Schluss noch etwas aktivieren wollen, dann könnten Sie etwa sagen: *»Ich habe mich bemüht, Ihnen das Thema nahezubringen, weil ich es für wirklich wichtig halte. Ich hoffe, es ist mir geglückt, und Sie machen von den Vorteilen Gebrauch, die für Sie drinstecken.«*

Wie lange dürfen Sie sprechen?

Das zu bestimmen liegt ja sehr oft nicht in Ihrer Hand. Meist wird die Redezeit von irgendeinem Vorsitzenden oder Organisator vorgegeben. Sollten Sie Ihre Redezeit selbst bestimmen können, gilt eine wichtige Regel: So kurz wie nur irgend möglich. Das Zuhörvermögen und die Zuhörbereitschaft vieler Menschen – vermutlich auch Ihrer Zuhörer – sind sehr begrenzt. Darum reden Sie bitte nur über das, was für Ihr Publikum wirklich wichtig und nützlich ist. Das reicht fast immer, um Ihre Redeziele zu erreichen. Bitte beachten Sie diese Wahrheit:

Wer ein Thema erschöpfend behandelt, der erschöpft meistens nur die Zuhörer.

Manuskript? Stichworte? Stegreif?

»Schreibe« oder »Rede«?   Spätestens jetzt erhebt sich die Frage: Soll ich den Vortrag ausschreiben oder soll ich nach Stichworten reden? Der Vortrag nach einem ausgeschriebenen Manuskript hat natürlich einen großen Vorteil: Sie können nicht stecken bleiben. So aufgeregt ist fast niemand, dass er nicht mit dem Finger auf der Zeile und der Nase auf dem Blatt Wort für Wort ablesen könnte. Es hört ihm dabei zwar niemand zu, aber Hauptsache, er bleibt nicht stecken! Die Nachteile sind enorm: Ein ausgeschriebenes Manuskript ist nun einmal eine »Schreibe« und keine Rede. Und eine »Schreibe« hört sich ganz einfach unangenehm an. Man formuliert zu lange Sätze, zu viele Nebensätze, ganz andere Wortstellungen als in der Umgangssprache, viel mehr Wörter aus dem passiven Wortschatz – also Wörter, die wir zwar kennen, aber beim Sprechen kaum verwenden. Also verwenden Sie nach Möglichkeit kein ausformuliertes Manuskript!

Es gibt allerdings Situationen, in denen Sie ein ausgeschriebenes Manuskript brauchen. Dann nämlich, wenn Sie wenig von dem Thema verstehen, über das Sie sprechen wollen oder müssen. Dann können Sie nicht nach Stichworten reden, dann brauchen Sie die ausgeschriebene Vorlage. Jetzt kommt es sehr darauf an, wie praktikabel Sie das Manuskript gestalten.

- Schreiben Sie es halbseitig (nach rechts oder links versetzt).
- Dann schreiben Sie mit möglichst großen, fetten Buchstaben und formulieren so, dass nach jeder Zeile eine Pause sein könnte.
- Wenn Sie dem Sinn nach mehr Pausen brauchen, machen Sie mitten im Text, an den Stellen, wo die Pause stehen muss, einen Strich (/).
- Jetzt können Sie sich ganz bewusst / immer von einem Strich zum Zeilenende, von dort zum nächsten Strich / den Text ansehen, / um ihn dann, / nachdem Sie Blickkontakt aufgenommen haben, / zu sprechen.

Beispiel: ausformuliertes Manuskript

*Mit einem geschriebenen Manuskript
lässt es sich ganz gut / zu seinen Zuhörern sprechen.*

*Sie formulieren den Text so,
dass an jedem Zeilenende
eine Pause gemacht werden kann.*

*Wenn mitten im Text
Pausen gemacht werden müssen,
dann machen Sie / an diesen Stellen / einen Strich (/).
Diese Striche / geben Ihnen dann die Möglichkeit,
den Text von Strich zu Strich / zu lesen,
ohne zu reden, / um dann Blickkontakt aufzunehmen, /
und den soeben gelesenen Text / zu sprechen.*

*Außerdem könnten Sie
zusätzlich / auf Stichworte ausweichen.
Sie schreiben auf den freien Teil der Seite
Stichworte / und nach diesen Stichworten
sprechen Sie. (Siehe Zeichnung auf der folgenden Seite.)*

*Wenn Sie sich unsicher fühlen,
können Sie / auf den ausgeschriebenen Text
zurückgreifen.*

Dieses Manuskript ist so aufbereitet, dass Sie jedes Wort und jede Zeile bequem aufnehmen und sprechen können. Das liegt an den großen Buchstaben (nicht Versalien), an den kurzen, nur über die halbe Seite geschriebenen Zeilen, die sich natürlich viel besser merken lassen als lange, über die ganze Breite geschriebene Zeilen, und an den vielen Absätzen, durch die Sie leichter wiederfinden, wo Sie gerade sind.

Und noch etwas – das Wichtigste: In jeder Zeile steht ein gewisser Sinnzusammenhang, der für sich allein gesprochen werden kann. Sie können darum ganz locker Zeile für Zeile lesen – und während des Sprechens Blickkontakt halten –, ohne befürchten zu müssen, dass eine Pause dort entsteht, wo keine hingehört.

In der Vorbereitung liegt also ein großer Prozentsatz des Erfolges – gerade auch beim ausgeschriebenen Manuskript. Sowohl als Führungskraft wie auch als Mitarbeiter müssen Sie mehr oder weniger häufig Vorträge, Referate – oder wie man es sonst nennt – halten. Wenn es ein Thema ist, über das Sie gut Bescheid wissen, können Sie sich mit einigen Stichworten darauf vorbereiten. Ganz frei, also ohne Manuskript oder Stichworte, sollten Sie nicht sprechen. Gerade wenn man ein Thema gut beherrscht, besteht die Gefahr, dass man »vom Hundertsten ins Tausendste« kommt, sich in Einzelheiten verliert. Andererseits brauchen Sie immer dann ein ausgeschriebenes Manuskript, wenn Sie sich in Ihrem Thema nicht gut auskennen.

Auch einen normal geschriebenen Text / können Sie mit Strichen versehen, / um ihn besser vortragen zu können. / Aber das geht natürlich nicht so gut / wie beim halbseitig geschriebenen Text / in großer Schrift.

Nach Stichworten reden

Am wirkungsvollsten ist es jedoch, wenn Sie nach Stichworten reden. Das können Sie allerdings nur dann, wenn Sie den Inhalt dessen, was Sie vortragen wollen, beherrschen. Stichworte haben den großen Vorteil, dass Sie bei ihrer Benutzung Ihr normales Deutsch reden können und kein Schriftdeutsch, wie oft beim ausgeschriebenen Manuskript. Allerdings müssen die Stichwortzettel übersichtlich sein. Beschreiben Sie diese nur einseitig und nummerieren Sie die Stichworte. (Auf jedem Zettel beginnen Sie die Stichwortnummerierung wieder mit 1.) Schreiben Sie nicht mehr als vier bis fünf Stichworte auf einen Zettel und versehen Sie die Blätter mit Seitenzahlen. Das Format der Stichwortzettel könnte DIN A5 oder DIN A6 sein.

ÜBUNG: KANN ICH NACH STICHWORTEN REDEN?

Testen Sie, ob Sie ohne Schwierigkeiten nach Stichworten reden können:

Bitte bilden Sie aus den fünf Wörtern jeder der nachfolgenden Zeilen eine zusammenhängende Geschichte. Die Reihenfolge, in der Sie die Wörter verwenden, spielt dabei keine Rolle.

1. Skat – Margarine – Seminar – Kirchturm – Bett
2. Schornsteinfeger – Katze – Produzent – Uhr – Zahnarzt
3. Gartenzaun – Überzeugung – Pferdeapfel – Gericht – Streuselkuchen
4. Meer – Elefant – Salatschüssel – Marktforscher – Oberförster
5. Rechtsanwalt – Pferd – Regenwurm – Mathematik – Leidenschaft

Ich mache es mit den Wörtern der ersten Zeile einmal vor:

Beispiel: nach Stichworten formulieren

»*Ich nahm an einem **Seminar** teil, das ziemlich langweilig war. Infolgedessen vertrieben sich die Teilnehmer die Zeit mit **Skat**spielen. In der Nähe des Gebäudes, in dem das Seminar stattfand, stand eine Kirche mit einem hohen Turm. Wenn ich nachts im **Bett** lag und schlafen wollte, störte mich das Schlagen der Uhr am **Kirchturm**. Die Verpflegung bei dieser Seminarveranstaltung war auf Gesundheit abgestellt. So gab es z. B. außer Butter auch **Margarine** als Brotaufstrich.*«

Sie sehen, es braucht keine hochgeistige Geschichte zu sein. Hauptsache ist, dass Sie die fünf Wörter jeweils in einen sinnvollen Zusammenhang bringen. Bitte machen Sie jetzt die Übung und verwenden Sie auf jede Wortfolge nicht mehr als zwei, drei Minuten Zeit.

Es ging doch schon recht gut. Sie hatten fast keine Schwierigkeiten. Das heißt, Sie können *Sprechdenken* – also Ihre Gedanken während des Sprechens entwickeln. Das ist die Voraussetzung für das Sprechen nach Stichworten. Überlegen Sie einmal: Sie haben aus fünf völlig unzusammenhängenden Wörtern, die gar nichts miteinander zu tun haben, eine zusammenhängende Geschichte gemacht – und das gleich mehrere Male. Dann können Sie doch erst recht aus fünf oder zehn oder fünfzehn oder zwanzig oder noch mehr Worten, die einem bestimmten Sachverhalt angehören, einem Thema, das Sie beherrschen, eine zusammenhängende Geschichte, einen Vortrag, eine Rede machen. Sollte die Übung beim einen oder anderen von Ihnen nicht so gut oder gar nicht geklappt haben – was sehr selten vorkommt –, so ist das auch kein Unglück. Es gibt durchaus Menschen, die diese Fähigkeit zum Sprechdenken eben nicht oder nicht sehr ausgeprägt besitzen. Diese brauchen dann immer ein ausgeschriebenes Manuskript und können – bei Beachtung der Regeln – doch ausgezeichnete Redner sein.

Wie ist es nun mit der »Stegreifrede«? Wenn Sie sozusagen »aus dem hohlen Bauch« zu irgendetwas Stellung nehmen müssen? Das passiert ja oft, zum Beispiel in einer Besprechung: Sie werden nach Ihrer Meinung zu dem Tagesordnungspunkt gefragt, der gerade besprochen wird. Ihre Antwort ist dann nichts anderes als eine Meinungsrede aus dem Stegreif. Sie werden von einem Kunden, Ihrem Erbonkel, Ihrem Chef angerufen und er will wissen, wie Sie zu einem Sachverhalt stehen, oder Ihr Mitarbeiter fragt Sie nach Ihrer Meinung in einer bestimmten Angelegenheit. Immer ist Ihre Antwort eine Rede aus dem Stegreif – also unvorbereitet. Wie können Sie in diesen Situationen möglichst schnell und möglichst genau Ihre Gedanken oder auch Ihre Gefühle ordnen und ausdrücken? Dabei hilft Ihnen die sogenannte *Standpunktformel*. Sie sieht wie folgt aus:

Stegreifrede

1. Stufe: Mein Standpunkt
2. Stufe: Begründung meines Standpunktes

Die Standpunktformel

3. Stufe: Beispiele, die für meinen Standpunkt sprechen
4. Stufe: Schlussfolgerung aus 1–3
5. Stufe: Bitte, Aufruf, Appell, sich im Sinne meines Standpunktes zu verhalten

Diese fünf Stufen lassen sich leicht behalten. Sie sollten sie stets bereit haben.

Beispiel: Stellungnahme zur Einführung eines neuen Gerätes

Es geht darum, in Ihrem Unternehmen ein neues Gerät einzuführen. Der Vorstand oder ein Fachausschuss fordert Ihre Stellungnahme. Diese könnte wie folgt aussehen:

1. *IHR STANDPUNKT: Meine Meinung ist »ja«. Wir sollten dieses Gerät unbedingt einsetzen.*
2. *BEGRÜNDUNG: Und zwar aus folgendem Grund: Das Gutachten von Professor Omnifex hat zweifelsfrei nachgewiesen, dass es möglich ist, durch den Einsatz dieses Gerätes den Ausstoß zu steigern und gleichzeitig die Kosten zu senken.*
3. *BEISPIELE: Sie kennen unseren Mitbewerber Bernhard. Er hat dieses Gerät seit etwa eineinhalb Jahren im Einsatz; und wir wissen alle, dass es Bernhard mithilfe dieses Gerätes geschafft hat, weit besser abzuschneiden als im Vorjahr. Ähnliche Erfahrungen sind uns von den Firmen Bordt und Cisma bekannt. Nicht vergessen möchte ich die Firma Denk, die insolvent ist. Sie hatte das Gerät nicht.*
4. *SCHLUSSFOLGERUNG: Aus all dem geht doch deutlich hervor, dass auch wir um den Einsatz dieses Gerätes nicht herumkommen, wenn wir weiter konkurrenzfähig bleiben wollen.*
5. *AUFFORDERUNG: Ich würde es deshalb sehr begrüßen, wenn wir dieses Gerät einsetzen könnten; und ich schlage vor, die dafür notwendigen Gelder zu bewilligen.*

Nicht wenige meiner ehemaligen Seminarteilnehmer haben diese Standpunktformel in ihrem Notizbuch stehen, um sie im Bedarfsfall einzusetzen. Diese Formel ist auch sehr geeignet, um einen (meinungsbildenden) Vortrag zu gliedern. Sie sehen, durch diese fünf Punkte haben Sie immer gleich einen roten Faden, nach dem Sie Ihre Gedanken ordnen können. Merken Sie sich also diese fünf Punkte. Es ist ganz einfach.

Die Standpunktformel nützt Ihnen natürlich nichts, wenn Sie keinen Standpunkt haben.

Die Angst des Redners beim Reden

Haben Sie Schwierigkeiten, sich mit Ihrer Familie zu unterhalten oder mit Ihren Nachbarn – wenn Sie nicht gerade im Streit liegen? Oder mit Kolleginnen und Kollegen? Nein, wahrscheinlich nicht. Haben Sie Schwierigkeiten, zu sprechen, wenn Sie vor einer Gruppe stehen? Auf einem Podium? Ja? Warum haben Sie denn Schwierigkeiten? Es sind doch genau dieselben Leute, mit denen Sie sonst auch sprechen. Alle Ihre Zuhörer sind Familienmitglieder, alle sind Nachbarn oder Kolleginnen und Kollegen; also genau dieselben Menschen, mit denen Sie einzeln ohne Probleme sprechen können. Warum haben Sie dann Probleme, vor der Gruppe zu sprechen, und bei Einzelpersonen nicht? *Weil Sie Angst haben.* Angst, sich zu blamieren.

Ja, das ist es. Wenn wir vor mehreren Leuten sprechen, fühlen wir uns beobachtet und haben Angst,

Angst, sich zu blamieren
uns zu blamieren. Wir wissen nämlich: Unsere Zuhörer erwarten etwas von uns. Sie haben eine ganz bestimmte Erwartungshaltung. Und wir fürchten, dieser Erwartungshaltung nicht zu entsprechen.

Nun hat uns die Natur etwas wirklich Gutes gegen diese Angst in die Wiege gelegt: die Stresshormone. Tritt solch ein Angstzustand auf, sendet das Gehirn Signale aus an verschiedene Drüsen, vor allem an die Nebenniere. Diese Signale lauten: Stresshormone ausschütten! Und das geschieht dann auch. Diese Stresshormone bauen blitzschnell Fett und Zucker ab, um Energien freizusetzen. Diese Energien brauchte der Urmensch, um Gefahren zu entrinnen: Er musste entweder angreifen (= Aggression), um den anderen totzuschlagen, bevor dieser ihn totschlagen konnte, oder weglaufen (= Flucht), um so der Gefahr, also dem Grund für die Angst, zu entgehen. Die Stresshormone haben noch eine andere wohltuende Wirkung: Sie blockieren bestimmte Schaltungen im Gehirn. Der betreffende Mensch – oder besser: der betroffene Mensch – kann kurzfristig nicht denken. Das ist von der Natur so gewollt, damit der Mensch instinktiv handelt; denn Nachdenken kostet Zeit – die Zeit, die der Mensch braucht, um der Gefahr zu entkommen.

Was passiert also, wenn wir vor anderen reden müssen, ein schwieriges Gespräch führen, einen Vortrag halten müssen? Wir haben Angst. Angst, uns zu blamieren. Angst, die Erwartung der anderen nicht zu erfüllen. Und nun setzt der ganze Mechanismus ein: Angst > Gehirnsignale an Drüsen > Stresshormone > Freisetzen von Energien > Denkblockade.

Die Energie, um der Gefahr zu entgehen, haben wir nun. Aber es ist gesellschaftlich nicht legitim, die, zu denen wir sprechen sollen, totzuschlagen. Es ist auch völlig unerwünscht, dass wir weglaufen und die Zuhörer stehen oder sitzen lassen. Und die Denkblockade ist unserem Sprechvorhaben auch nicht gerade sehr förderlich. Wir stehen also da – hilflos. In uns toben die freigesetzten Energien, die wir nicht verwenden dürfen. Einfallen tut uns auch nichts, denn die Stresshormone blockieren das Denken. Die Hände werden feucht. Schweiß steht auf der Stirn. Die Knie zittern usw. Diesen Zustand nennt man *Lampenfieber*. (Das ist ein Ausdruck aus der Theaterwelt. Wenn abends die Bühnenlampen angehen, bekommt der Schauspieler Angst, ob auch alles klappen wird.)

Was tun gegen Lampenfieber?

Zunächst einmal die beruhigende Erkenntnis: Etwas Lampenfieber ist gut. Es zwingt Sie zu stärkerer Konzentration, um es zu überwinden. Und diese Konzentration kommt dem ganzen Sprechvorhaben zugute. Sie sprechen mit etwas Lampenfieber einfach besser, weil konzentrierter. Aber wenn es so stark ist, dass Sie sich gerade nicht konzentrieren können, wenn das eintritt, was ich eben geschildert habe, dann müssen Sie etwas dagegen unternehmen. Und das ist gar nicht so schwer. Wir wissen ja: Die Ursache des Lampenfiebers ist Angst, sich zu blamieren. Da erhebt sich die Frage: Wo und wie kann man sich denn überhaupt beim Sprechen blamieren? Sie werden sehen: Die Möglichkeiten zur Blamage sind durchaus überschaubar. Hier sind sie:

1. Risiken, die schon während der Vorbereitung beseitigt werden können

Zunächst gibt es Risiken, also Blamagemöglichkeiten, die schon lange vor dem Vortrag vorhanden sind, die Sie also auch vorher beseitigen können. Denn gegen etwas, das Sie kennen, können Sie auch etwas unternehmen; Sie können dafür sorgen, dass die Blamage – und damit das Risiko – gar nicht erst eintritt. Folgende drei Risiken, die Ihnen vielleicht Angst machen, können Sie schon vor Ihrem Vortrag ausschließen:

- Ungenügende Vorbereitung
- Falsche Vorbereitung
- Technische Mängel

Ungenügende Vorbereitung

Das erste Risiko ist die *ungenügende Vorbereitung*. Wodurch können Sie dieses Risiko vermeiden? Durch Vorbereiten! Nur durch Vorbereiten! Haben Sie sich nicht genügend mit dem Thema beschäftigt, hilft Ihnen nichts gegen Ihre Angst. Vorbereitet müssen Sie sein, sonst haben Sie Angst und Lampenfieber mit Recht verdient. Diesen Punkt können wir abhaken, denn Sie wollen sich wohl kaum blamieren. Die nächste Möglichkeit zur Angst vor der Blamage ist *falsche Vorbereitung*.

Falsche Vorbereitung

Sie wollen über ein bestimmtes Thema reden. Sie gehen davon aus, dass Ihre Zuhörer nichts oder nur wenig über das Thema wissen. Sie fangen also sozusagen bei »Adam und Eva« an. In Wirklichkeit wissen Ihre Zuhörer aber schon viel über dieses Thema. Sie kennen das alles schon, was Sie ihnen erzählen. Das stört natürlich die Zuhörbereitschaft ungemein. Die Zuhörer schalten ab, und der Blamagefall ist da. Oder umgekehrt: Ihre Zuhörer wissen so gut wie gar nichts über das Thema, das Sie in Ihrem Vortrag behandeln wollen. Aber Sie gehen davon aus, dass die Hörer gut informiert sind. Sie setzen also in Ihrem Vortrag große Vorkenntnisse voraus. Jetzt stoßen Sie natürlich auf Unverständnis, Ihre Zuhörer verstehen Sie nicht. Das stört die Zuhörbereitschaft ebenfalls. Es

RISIKEN KALKULIEREN

wird abgeschaltet und nicht mehr zugehört. Was können Sie dagegen machen? Wie können Sie verhindern, dass Sie sich falsch vorbereiten? Erkundigen Sie sich, wer denn Ihre Zuhörer sind. Wie viel sie schon wissen. Wie sie zu Ihrem Thema stehen. Wie sie zu Ihrer Person stehen. Wie Sie Ihr inhaltliches Redeziel bei diesen Zuhörern am besten erreichen können. Welche Argumente und Fakten für diese Zuhörer besonders wirkungsvoll sind.

> *Ich kenne aus meiner Praxis schlimme Beispiele für eine falsche Vorbereitung. Ich selbst sollte einmal vor Kunden einer Kleiderfabrik einen Vortrag über Einzelhandelswerbung halten. (Es waren Textileinzelhändler.) Durch einen Irrtum hatte ich mich darauf vorbereitet, vor leitenden Mitarbeitern der Kleiderfabrik über Mitarbeiterführung zu reden. Das wollten die Einzelhändler gar nicht hören. Es war für mich eine fürchterliche Situation. Aber ich war selbst schuld. Ich hätte mich ja nur noch einmal genau erkundigen müssen: Wer sind denn meine Zuhörer?*

**Beispiel:
Am Thema vorbei**

Technische Mängel

Es gibt noch eine Situation, die Angst macht, das sind technische Mängel. Überall da, wo Unternehmen informieren und überzeugen wollen, werden von den Sprechern elektrische und elektronische Geräte eingesetzt. Das ist nicht nur richtig, sondern kann auch effektiv und höchst erfolgreich sein. Aber auch beim Zeigen von Statistiken, Neuheiten, Kernsätzen usw. wird gesprochen. Es ist gesicherte Erkenntnis, dass das, was elektronisch an Schrift gezeigt wird, begleitend gesprochen werden soll. Das findet meistens im Rahmen einer Präsentation statt, die ja auch nichts anderes ist als ein Vortrag. Die meisten von Ihnen haben übrigens beim Einsatz elektronischer Hilfsmittel weit weniger Lampenfieber als beim Sprechen. Ich möchte Ihnen dazu noch einen Rat geben:

Es ist sinnlos, längere Schriftsätze und Statistiken zu zeigen – sie werden nicht gelesen!

Alles, was während eines Vortrags gezeigt wird, muss »plakativ« sein und eingehend mündlich erläutert werden. Sonst wirkt es sehr schnell langweilig und die Zuhörer denken an etwas anderes. Dann ist es besser, ein Manuskript auszuteilen. Außerdem haben alle elektrischen und elektronischen Geräte die Tendenz, zu versagen, wenn man sie braucht. Wenn Sie etwa einen Beamer bei Ihrem Vortrag einsetzen wollen, dann probieren Sie ihn vorher aus. (Sie müssen aber stets darauf gefasst sein, dass er trotzdem versagt.) Immer wieder steckt der Teufel im Detail: Nummerieren Sie die Seiten Ihres Vortragsmanuskripts oder Ihrer Stichwortzettel. Sie merken vielleicht nicht, wenn Sie Seiten vertauscht haben. Aber Ihre Zuhörer merken es!

Akustik

Prüfen Sie die Akustik des Raumes, in dem Sie sprechen sollen. Er gibt kleine Räume, die eine so schlechte Akustik haben, dass Sie unbedingt ein Mikrofon brauchen. Aber sprechen Sie nicht mit Mikrofon, wenn es auch ohne gehen würde. Die elektronisch gefärbte Stimme wirkt nicht so sympathisch wie die natürliche.

2. Risiken, die während des Vortrages auftreten können

Jetzt kommen wir zu den Risiken und den damit verbundenen Ängsten, die während des Vortrages – also beim Reden – auftreten können. Dazu erstellen Sie am besten während Ihrer Vorbereitung eine Liste mit »*Was mache ich wenn ...*«-Fragen. Da plagt viele als Erstes die Angst vor Zwischenrufen oder Zwischenfragen.

Wie macht es der Berufsredner? Er hört sofort auf zu reden, wenn ein Zwischenruf kommt, und hört ihn in Ruhe an. Dann überlegt er: »*Kann ich den Zwischenruf oder die Zwischenfrage kurz in ein bis zwei Sätzen beantworten? Oder brauche ich mehr Zeit? Muss ich längere Ausführungen machen?*« Wenn er kurz antworten kann, dann tut er es. Wenn die Antwort länger dauern würde, dann verschiebt er sie an den Schluss. Er sagt:

Wenn Zwischenrufe kommen

- »*Vielen Dank für den Hinweis. Darf ich in der Diskussion darauf zurückkommen?*«
- Oder: »*Vielen Dank für die Frage. Könnten wir uns nachher darüber unterhalten?*«
- Oder: »*Bitte gedulden Sie sich noch etwas. Ich komme noch darauf zu sprechen.*«

Warum verschiebt der professionelle Redner die länger dauernde Antwort auf eine Zwischenbemerkung? Er tut das, weil er sonst seinen roten Faden verlieren würde. Er hat sich ja ein Konzept gemacht, hat alle wichtigen Argumente und Fakten zum Erreichen seines inhaltlichen Redeziels eingebaut. Nun passt das, was er aufgrund der Zwischenbemerkung sagen müsste, nicht in sein Konzept. Außerdem besteht die Gefahr, dass er seine Redezeit überschreitet, dass seine Zuhörer das gar nicht wissen wollen und abschalten.

Der Umgang mit Zwischenrufen fällt auch Ihnen ganz leicht, wenn Sie sich bei der Vorbereitung Ihres Vortrages die Frage stellen:

»Was mache ich, wenn ... ein Zwischenruf kommt?«

- Bei kurzer Antwort antworten.
- Bei längerer Antwort verschieben.

Übrigens: Auf unsachliche oder beleidigende Zwischenbemerkungen gehen Sie am besten gar nicht ein, sondern sprechen einfach weiter, als ob nichts geschehen wäre. Außerdem nicken Sie dem Zwischenrufer flüchtig – aber freundlich – zu. Also auch hier:

»Was mache ich, wenn ... zum Beispiel eine unsachliche Bemerkung gemacht wird?«

Dem Zwischenrufer zunicken und einfach weitersprechen. Oder wollen Sie sich in einen partnerfeindlichen Streit einlassen? Wenn Sie sich gedanklich so vorbereitet haben, dann macht Ihnen die Störung gar nichts aus; denn Sie wissen ja nun, wenn die Störung eintritt, wie Sie sich verhalten müssen.

Wenn die Zuhörer unruhig werden

Was kann noch während des Vortrages passieren? Die Zuhörer können unruhig werden. Geschieht das, machen die meisten Redner den Fehler, dass sie lauter sprechen, um die Unruhe zu übertönen. Jetzt fühlen sich die Zuhörer in ihrer Unterhaltung gestört und werden auch lauter. Das bringt also nichts. Was meistens – wenigstens vorübergehend – hilft, ist: leiser sprechen. Dann wird oft wieder zugehört, weil ja vielleicht doch etwas Wichtiges an dem sein könnte, was Sie sagen, und das möchte man sich nicht entgehen lassen. Aber es hilft meist nur vorübergehend; denn Ihre Zuhörer haben ja einen Grund für ihre Unruhe. Und den müssen Sie herausfinden. Oft hilft dabei nur eines: Fragen Sie nach – aber bleiben Sie freundlich dabei. Ja, fragen Sie, liebe Leser! Warum denn nicht? Fragen Sie: *»Ich habe das Gefühl, Sie hören mir nicht mehr richtig zu. Darf ich fragen, woran das liegt?«* (Ich-Aussage!) Dann hören Sie schon, was los ist. Das Geheimnis ist: Freundlich bleiben. Keine Wirkung zeigen. Nicht ärgerlich werden. Nicht ärgerlich wirken. Also überlegen Sie bei der Vorbereitung auf den Vortrag:

»Was mache ich, wenn ... die Zuhörer unruhig werden?«

- Wenn die Hörer unruhig sind: Leise sprechen.
- Wenn das nicht hilft: Fragen – aber freundlich bleiben.

Wenn diese Situation dann wirklich eintritt, ist der Stresshormonausstoß längst nicht so stark, weil Sie wissen, wie Sie sich in einem solchen Fall verhalten müssen.

Es können Zuhörer aus dem Raum gehen, während Sie sprechen. Das braucht Sie überhaupt nicht zu stören. Entweder müssen die mal oder sie fühlen sich nicht wohl oder sie wollen ein dringendes Telefonat führen usw. Auf keinen Fall hat das etwas mit Ihnen oder Ihrem Vortrag zu tun. Sie können es sowieso nicht ändern. Während der Vorbereitung stellen Sie sich also wieder die Frage:

Wenn Zuhörer den Raum verlassen

»Was mache ich, wenn ... während meines Vortrages Leute rausgehen?« Und Sie antworten: *»Es hat nichts mit mir zu tun. Es berührt mich überhaupt nicht.«*

> *Ein Redner redet und redet und redet. Während er redet, gehen nacheinander alle Hörer hinaus. Als er fertig ist, sitzt nur noch einer im Raum. Der Redner geht zu ihm hin und fragt: »Hat Sie meine Rede wirklich so interessiert, dass Sie bis zum Schluss geblieben sind?« »Nein, sie hat mich überhaupt nicht interessiert. Aber ich bin der Hausmeister. Ich muss abschließen.«* Nun, wir wollen hoffen, dass Ihnen das nicht passiert!

Beispiel – nicht ganz ernst gemeint

Davor haben die meisten die größte Angst: vor dem Stecken-Bleiben. Gehen wir davon aus, Sie haben sich wirklich gut

Wenn Sie stecken bleiben

vorbereitet und bleiben trotzdem stecken, wissen nicht weiter. Sie haben einen »Blackout«. Dann kündigen Sie einfach eine Zusammenfassung an: »*Lassen Sie mich jetzt einmal zusammenfassen…*« Fassen Sie zusammen, was Sie bisher gesagt haben. Wenn Sie schon lange gesprochen haben, dann fassen Sie den letzten Abschnitt zusammen. Meistens stellt sich dann der rote Faden wieder ein; zumindest gewinnen Sie Zeit, Zeit zu überlegen, wie es weitergeht. Sollte sich der rote Faden absolut nicht wieder einstellen, dann sagen Sie ehrlich, ruhig und freundlich: »*Bitte lassen Sie mir einen Augeblick Zeit, ich muss eben mal nachgucken, wie es weitergeht*« oder so ähnlich. Sie werden sehen, wie alle Zuhörer friedlich und erfreut nicken.

Noch ein Tipp: Wenn Sie nach Stichworten reden, dann schreiben Sie die ersten und die letzten drei bis vier Sätze Ihres Vortrags voll aus (aber bitte keine »Schreibe«, sondern eine »Rede«!) und reden dazwischen nach Ihren Stichworten. Gerade am Anfang hat man oft die meiste Angst. Und ein guter Schluss ist auch nicht zu verachten.

Eine Rede mal so, mal so – zwei Beispiele

Wir stellen uns jetzt gemeinsam etwas vor: Etwa 30 Interessenten für ein Rhetorikseminar an einer Volkshochschule hören sich den Einführungsvortrag des Leiters dieser Institution an. Von diesem Vortrag bringe ich hier zwei Fassungen. Sie sind dann so freundlich, nach Lektüre der beiden Versionen (wobei Sie sich bitte vorstellen, sie zu hören) sich zu entscheiden, welche Fassung Sie mehr überzeugt hat.

Fassung 1

»Sehr geehrte Damen und Herren!
Ich bedanke mich sehr, dass Sie gekommen sind und sich für ein Rhetorikseminar interessieren.

Sie haben wahrscheinlich erkannt, wie wichtig es ist, gut reden zu können, und sind deshalb bereit, die Zeit zu opfern, die notwendig ist, um zu lernen, wie man gut, richtig und überzeugend redet.

Es ist nicht nur wichtig für Ihre berufliche Laufbahn, sondern auch für viele andere Gebiete des Lebens, zum Beispiel in der Familie bei Festen aller Art, zum Beispiel bei der Hochzeit Ihres Kindes, im Vereinsleben, wenn Sie im Vorstand sein sollten oder diesem widersprechen wollen, wenn Sie als leitender Angestellter bei der Trauerfeier für einen verstorbenen Mitarbeiter reden müssen und was es solcher Anlässe mehr gibt.

Es ist sehr gut, dass man, wenn man weiß, dass man auf einem oder mehreren Gebieten minderwertig ist, bestrebt ist, diesen Zustand zu beheben. Dafür verdienen Sie ausgesprochenes Lob!

Unser Rhetoriklehrer, Herr Theodor Redefein, wird Ihnen mit Sicherheit behilflich sein können, sicher, redefreudig und redegewandt zu werden. Sollten Sie noch irgendwelche Fragen haben, stehe ich Ihnen gern zur Verfügung. Vielen Dank!

Fassung 2

»Liebe lernbegierige Damen und Herren,
ich bin der Leiter der Volkshochschule Schlaustadt /
und heiße Gerhard Geber. /
Natürlich freue mich, / dass Sie hier sind /
und hoffe sehr, / dass aus dieser ersten Begegnung /
der Beginn einer langen Freundschaft wird /
zwischen Ihnen und Ihrer Volkshochschule. /
Sie interessiert das Rhetorikseminar für Einsteiger. /
Das ist ein Seminar, / das keine Bücherweisheiten, /
sondern erfolgreiches Verhalten vermitteln will. /
Ich sage ganz bewusst »will«, /

*weil es dabei sehr auf Ihre Mitarbeit ankommt. /
Sie haben vermutlich erkannt, /
wie wichtig es ist, / sich privat wie geschäftlich /
gewandt, positiv / und damit erfolgreich
ausdrücken zu können, /
jeder auf seine individuelle Weise. /
Ihr Seminarleiter, / Herr Theodor Redefein, /
betreibt mit Ihnen nämlich keine Gleichmacherei, /
sondern fördert jeden Einzelnen von Ihnen, /
je nach seinen Veranlagungen. /*

*Sie werden viel Freude haben /
und sozusagen »spielend« lernen. /
Nach den zehn Seminarabenden /
bekommen Sie nicht nur eine Urkunde, /
mit der Sie nachweisen können,
dass Sie hier waren, /
sondern wahrscheinlich auch Lust auf mehr. /*

*Damit könnten Sie dann
beim Aufbauseminar mitmachen, /
das ebenfalls Herr Redefein leiten wird. /*

*Bis hierher haben Sie es schon geschafft / –
nun gehen Sie bitte noch einen Schritt weiter /
und melden sich an.*

*Sie werden viel profitieren /
und / viel Freude haben! /
Auf Wiedersehen!*

Eine »eindeutige« Formulierungshilfe

Nun, welche Rede hat Ihnen besser gefallen? Um Ihnen zu verdeutlichen, wie wichtig Formulierungen sind, bringe ich ein nicht ganz ernst gemeintes Beispiel: Vor vielen Jahren hat ein Beamter im US-Geheimdienst eine Methode gefunden, schwierige Probleme endgültig und befriedigend auszudrücken.

Dieses »automatische Schnellformulierungssystem« stützt sich auf eine Liste von dreißig sorgfältig ausgesuchten Schlüsselwörtern:

SPALTE 1	SPALTE 2	SPALTE 3
1. konzentrierte	1. Führungs-	1. -struktur
2. integrierte	2. Organisations-	2. -flexibilität
3. permanente	3. Identifikations-	3. -ebene
4. systematisierte	4. Drittgenerations-	4. -tendenz
5. progressive	5. Koalitions-	5. -programmierung
6. funktionelle	6. Fluktuations-	6. -konzeption
7. orientierte	7. Übergangs-	7. -phase
8. synchrone	8. Wachstums-	8. -potenz
9. qualifizierte	9. Aktions-	9. -problematik
0. ambivalente	0. Interpretations-	0. -kontingenz

Die Handhabung ist ganz einfach. Sie denken sich eine beliebige dreistellige Zahl aus und suchen die entsprechenden Wörter in jeder Spalte. Die Nummer 350 ergibt zum Beispiel: »Permanente Koalitionskontingenz«, eine Bezeichnung, die Ihnen eine entschieden von Fachwissen geprägte Autorität verleiht. Es weiß zwar niemand, wovon Sie reden, aber es wird auch niemand wagen, dies zuzugeben.

Reden und essen – ein heiterer Vergleich

Bitte stellen Sie sich vor, Sie sitzen in einem der besten Restaurants von Paris. Sie haben ein Menü bestellt und vorher besprochen, wie Sie die Speisen zubereitet und das Fleisch gegrillt haben möchten. Auch Wein haben Sie geordert – roten und weißen –, zu den einzelnen Gängen passend. Und nun freuen Sie sich auf das gute Essen.

Da kommt ein Ober an Ihren Tisch und stellt eine große, zerbeulte Blechschüssel vor Sie hin. Dann bringt er die Vorspeise und schüttet sie in die Schüssel. Danach die Suppe. Auch sie kippt er in die Schüssel. So macht er es auch mit dem Fischgang. Das Hauptgericht kommt ebenfalls in die Schüssel mit allen Beilagen und der Sauce. Käse und Süßspeise erleiden dasselbe Schicksal – einschließlich der heißen Schokoladensauce. Auch den herrlichen Weißwein und den köstlichen Rotwein gießt der Ober in die Blechschüssel. Danach rührt er alles kräftig um und wünscht Ihnen einen guten Appetit.

Essen Sie diesen unansehnlichen Brei? Wahrscheinlich nicht. Warum eigentlich nicht? Es ist doch dasselbe gute Essen, das Sie bestellt hatten. Das Fleisch ist »medium«, wie Sie es gewünscht hatten. Es sind die von Ihnen georderten hervorragenden Weine. Trotzdem essen Sie es nicht.

Die Gründe: Sie sind gewohnt, das Essen in einer bestimmten Reihenfolge zu sich zu nehmen, sozusagen »übersichtlich, gegliedert und harmonisch aufgebaut«. Und auch das Gefühl will zu seinem Recht kommen: ein festlich gedeckter Tisch, entsprechendes Geschirr und Gläser, das Besteck passend, alles äußerst appetitanregend. Und so ist es auch beim Sprechen und Reden! Wenn Sie das, was Sie anderen mitteilen wollen, wie »Kraut und Rüben« auf einen Haufen vor Ihren Zuhörern ausschütten, dann »essen« diese das nicht. Das heißt, sie hören nicht zu. Denn auch sie wollen Ihre Rede übersichtlich und gut gegliedert hören. Auch sie wollen es angenehm und leicht haben, Ihnen zuzuhören.

Ich meine, dieser Vergleich trifft den Kern des Problems. Sprechen Sie übersichtlich, anregend und einfach. Vermeiden Sie Störungen der Zuhörbereitschaft, und sprechen Sie so, dass man Sie gut verstehen kann. Drücken Sie die für Ihre Partner unangenehmen Dinge partnerfreundlich aus, damit deren verletzliches Selbstwertgefühl sie nicht zu Ihren Feinden macht. Dann sind Ihnen die Sympathie und damit die Aufmerksamkeit Ihrer Zuhörer und Gesprächspartner sicher.

AUF DIE ZUHÖRER RÜCKSICHT NEHMEN

4. Die Verhandlung

*»Einsichtsvoll finden wir immer nur
die Menschen, die unsere Meinung teilen.«*
FRANÇOIS, HERZOG VON LA ROCHEFOUCAULD

Das Machtdiktat – eine (all)gemeine Versuchung

Vieles von dem, was die Verhandlung betrifft, wurde in diesem Buch schon angesprochen. Dabei verstehe ich hier unter dem Begriff »Verhandlung« ein Gespräch zwischen zwei Menschen, bei denen der eine den anderen oder beide sich gegenseitig beeinflussen wollen. Da Sie, liebe Leserin und lieber Leser, zum Teil führend tätig sind, habe ich Vorschläge, Ratschläge und Beispiele auf Ihre Interessen ausgerichtet. Generell gilt, dass das partnerfreundliche Verhalten sich bei wichtigen Gesprächen als besonders erfolgreich erweist. Denn – und das ist ein entscheidender Vorteil für Sie: Auch ganz unangenehme Dinge, partnerfreundlich ausgesprochen, werden vom Gesprächspartner als längst nicht so unangenehm empfunden. Deswegen bleibt er offen für Ihr Anliegen. Und er hört Ihnen überhaupt erst einmal zu. Zuhören ist die Voraussetzung für Ihren Verhandlungserfolg, denn auch beim Verhandeln wird gesprochen!

Machtdiktat beruht auf unsymmetrischer Kommunikation

Es gibt eine Art von Gesprächen, die dazu noch besonders häufig vorkommt, bei der das partnerfeindliche Verhalten fast Tradition hat. Das sind Gespräche zwischen zwei Partnern, die nicht gleich stark sind, also etwa zwischen Ihnen und einem Mitarbeiter oder zwischen Ihrem Chef und Ihnen. Diese Gespräche sind häufig nichts anderes als ein Diktat des Mächtigeren, ich bezeichne sie deshalb als *Machtdiktat*. Dieses Machtdiktat ist eine Versuchung, die meist den überkommt, der aus irgendwelchen Gründen – zum Beispiel aus hierarchischen – stärker ist als sein Gesprächspartner. Fast jeder, der mächtiger ist als sein Gegenüber, neigt dazu, mit der »Arroganz der Macht«, dem Machtdiktat, zu sprechen.

Nun setzen die wenigsten das Machtdiktat aus Bosheit ein. Oft ist es Unbeherrschtheit (Mandelkern!), oft nur Gedankenlosigkeit und Bequemlichkeit (»... *so geht es am schnellsten*«). Manchmal aber, das möchte ich mit Nachdruck betonen, geschieht es auch aus Verantwortungsgefühl. Jeder Vorgesetzte erwartet von seinen Mitarbeitern, dass sie ihm helfen, bestimmte Ziele zu erreichen, die er ihnen vorgegeben hat. Es könnte aber sein, dass einer der Mitarbeiter diese Ziele nicht für richtig hält oder eine andere Vorstellung von den Wegen hat, auf denen sie erreicht werden sollen, als sein Vorgesetzter. Nun hat dieser die Ziele wiederum von höherer Warte erhalten und/oder er ist überzeugt von der Richtigkeit der Ziele. Um im Sinne des Unternehmens zu handeln, muss er den widerstrebenden Mitarbeiter notfalls zur Hilfe bei der Zielerreichung zwingen, und das geht am einfachsten und schnellsten durch das Machtdiktat.

Gründe für das Machtdiktat

Ein »grobes« Machtdiktat könnte lauten:
»*Da haben Sie ja mal wieder schönen Mist gebaut!*«

Ein etwas »feineres« Machtdiktat wäre:
»*Es stimmt schon wieder mal nicht, was Sie da sagen!*«

Beide Aussagen treffen die Person des Gesprächspartners (nicht die Sache) und verletzen sein Selbstwertgefühl. Er kann sich nicht dagegen wehren, weil er der Schwächere ist und Repressalien befürchten muss, wenn er sich dagegen auflehnt. Diese beiden Äußerungen sind, wie alle Äußerungen eines Machtdiktats, *nicht umkehrbar*. Ein Mitarbeiter könnte das nämlich umgekehrt nicht zu seinem Chef sagen. Die Beziehung zwischen Mitarbeitern und Vorgesetztem kann durch

Das Machtdiktat trifft die Person

Machtdiktate nachhaltig vergiftet werden. In vielen Fällen wird sich der Besiegte irgendwann und irgendwie auf seine Weise rächen, vor allem, wenn das Machtdiktat häufiger eingesetzt wird. Jeder Sieg bringt fast immer neuen Krieg hervor, und ein Einsatz des Machtdiktats bedeutet fast automatisch den »Sieg« des Vorgesetzten über den Untergebenen. Das kann auf Dauer nicht gut gehen.

Nun hat der Schwächere die Möglichkeit, durch partnerfreundliches Verhalten das Machtdiktat unwirksam zu machen. Hier ein Beispiel:

Situation:

Beispiel: Der Chef stört

Die Sachbearbeiterin Anna Weber sitzt am PC, um eine wichtige Terminarbeit zu erledigen. Ihr Kollege August Landers vom Vertrieb braucht das Ergebnis ihrer Arbeit ganz schnell zur Vorlage bei einem wichtigen Kunden. Sie ist zeitlich im Verzug, weil Christian Leidig, ihr Chef, sie mit anderen dringenden Arbeiten eingedeckt hat. Jetzt klingelt das Telefon, am Apparat ist ihr Vorgesetzter Leidig.

Leidig: »*Bitte kommen Sie doch gleich mal zu mir.« (Leidig sitzt zwei Stockwerke höher.)*

Frau Weber ist nicht glücklich über diese Störung. Aber es ist ihr Chef, also muss sie spuren. Leidig begrüßt sie liebenswürdig. Er ist überhaupt ein freundlicher Mensch und schätzt Frau Weber als tüchtige Mitarbeiterin.

Leidig: »*Also, Frau Weber, ich muss nachher zum Vorstand – in einer wichtigen Sache. Aber wenn ich denn schon einmal dort bin, möchte ich endlich mal den Fall ›Antweiler‹ zur Sprache bringen. Bitte unterrichten Sie mich über den augenblicklichen Stand der Dinge.«*
Weber: »*Herr Leidig, es tut mir leid, aber ich brauche dazu meine Unterlagen.«*
Leidig: »*Gut, dann holen Sie sie bitte.«*

Analyse:

- Frau Weber kann die Arbeit für Herrn Landers (Vertrieb) nicht rechtzeitig abliefern, da die Unterredung mit Herrn Leidig einige Zeit dauert.
- Landers muss den Kunden, für den er die Unterlagen von Weber braucht, vertrösten. Der Kunde ist verärgert.
- Frau Weber vertrödelt Zeit dadurch, dass sie zurück in ihr Büro gehen muss, um die Unterlagen zu holen; denn Leidig hatte ihr am Telefon nicht gesagt, was er von ihr will.
- Sie ist – je nach Temperament – verärgert oder traurig, auf jeden Fall aber verletzt, weil sie ihre Arbeit von ihrem Chef nicht ernst genommen sieht. Er hat nicht gefragt, woran sie gerade arbeite, ob er störe, ob das, was sie gerade mache, wichtiger sei als das, was er von ihr wolle. Auch dass er sie einmal vergebens hat kommen lassen, ärgert sie.
- Da Ähnliches schon öfter passiert ist, beschließt sie, die Dinge in Zukunft leichter zu nehmen und sich nicht mehr aufzuregen. Es ist ja viel einfacher, »Dienst nach Vorschrift« zu machen.
- Sie wird überall erzählen, was Leidig ihr Arges angetan hat.
- Die Beziehungsebene zwischen beiden ist stark lädiert.
- Sie wird vielleicht irgendwann den Mut finden, ihr verletztes Selbstwertgefühl dadurch zu heilen, dass sie Leidig heimlich schadet. Alles das tut der Firma nicht gut.

Was wäre geschehen, wenn Frau Weber auf das Machtdiktat von Herrn Leidig partnerfreundlich reagiert hätte?

Zunächst einmal hätte Frau Weber dann Verständnis dafür aufbringen müssen, dass ihr Chef den Kopf voll anderer Gedanken hat. Sie respektiert sein unqualifiziertes Verhalten, nimmt sich aber das Recht heraus, sich gegen das Machtdiktat zu wehren:

Weber: »*Es ist mir sehr unangenehm, Herr Leidig (Ich-Aussage), aber wenn ich jetzt meine Arbeit unterbrechen müsste, gäbe es Ärger.* Herr Landers vom Vertrieb braucht ganz eilig die detaillierten Unterlagen für den Reklamationsfall Achkirch. Der Kunde erwartet ihn noch heute. *Wäre es sehr schlimm, wenn ich erst in zirka anderthalb Stunden zu Ihnen käme? Bis dahin bin ich fertig.*«

Vermutlich hätte Herr Leidig das akzeptiert; denn dadurch, dass Frau Weber keine negative Reaktion zeigt, hätte sich Leidig nicht angegriffen gefühlt. Er brauchte sich also nicht zu verteidigen. Die Beziehungsebene wäre positiv geblieben. Leidig hätte die Argumente geprüft und seine Entscheidung wäre vermutlich zugunsten von Frau Weber ausgefallen. Ein positiv empfundener Sender (Weber) zieht eben oft eine positive Bewertung der Botschaft nach sich. Im Einzelnen sieht das so aus:

Statt Leidig wegen seines durchaus unqualifizierten Ansinnens *(»Bitte kommen Sie doch gleich mal zu mir«)* anzugreifen oder beleidigt zu reagieren (zum Beispiel: »*Hören Sie mal, ich habe schließlich auch noch anderes zu tun«*), reagiert Frau Weber mit einer Ich-Aussage; sie sagt, was sie im Augenblick fühlt. *(»Es ist mir sehr unangenehm, wenn ich jetzt ...«)*. Sie sagt also nicht: »*Sie stören mich*« (negative Du-Aussage), sondern verwendetet die wesentlich weniger aggressive Ich-Aussage, die immer umkehrbar ist.

Als Schwächerer mit dem Machtdiktat umgehen

Wie können Sie als Mitarbeiter das Machtdiktat ausschalten? Zunächst einmal sollten Sie sich nicht aufregen, sondern es respektieren, wenn Ihr Chef sich das Recht nimmt, das Machtdiktat anzuwenden; ebenso wie Sie natürlich das Recht haben, sich dagegen zu wehren. Sie müssen jetzt zwei Notwendigkeiten unter einen Hut bringen: Einmal müssen Sie sich Ihr Selbstwertgefühl erhalten, das ja durch das Machtdiktat verletzt zu werden droht. Zum Zweiten wollen Sie Ihr Anliegen beim Vorgesetzten erfolgreich vertreten. Sie dürfen also nicht resignieren, sondern müssen sich durchsetzen, aber so, dass Sie umgekehrt das Selbstwertgefühl Ihres Chefs nicht verletzen; denn dann ziehen Sie den Kürzeren. Das geschieht am besten mit partnerfreundlichen Ich-Aussagen, wie wir ja schon an einigen Beispielen vorher gesehen haben. An jede Ich-Aussage hängen Sie noch einen weiterführenden Satz, der weg vom Gefühl und hin zur Sache führt, zum Beispiel:

Chef: »*Sie haben mal wieder versagt.*«
Sie: »*Ich bin sehr beunruhigt, dass Sie das so sehen (Ich-Aussage). Ich würde aber gern mit Ihnen darüber sprechen, wie Sie zu dieser Ansicht kommen*« (weiterführender Satz).

Die Chance, dass Sie jetzt vernünftig miteinander reden können, ist groß. Reagieren Sie keinesfalls aggressiv: »*Ich weiß nicht, ob Sie das so richtig beurteilen können!*« Auch beleidigt sollten Sie nicht antworten: »*Sie hätten das auch nicht anders machen können!*« Verwenden Sie keine negativen Du-Aussagen, die führen nur zur Eskalation und damit zu Ihrer Niederlage.

Als Stärkerer das Machtdiktat vermeiden

Was machen Sie als Führungskraft, wenn Ihre Mitarbeiter andere Vorstellungen vom Erreichen Ihrer Ziele haben, wenn sie diese Ziele nicht richtig finden, wenn sie sich in Ihren Augen falsch verhalten? Jetzt verführen Ungeduld und Verantwortungsgefühl leicht dazu, das bequem zu handhabende Machtdiktat einzusetzen, um die Mitarbeiter auf »Vordermann« zu bringen. Die unter Umständen unangenehmen Konsequenzen eines solchen Verhaltens habe ich schon beschrieben. Anstatt aber die Beziehungsebene zwischen sich und den Mitarbeitern durch dieses Machtdiktat negativ einzufärben, würden Sie besser – mit sehr viel größerer Erfolgschance – partnerfreundliche Ich-Aussagen einsetzen.

Jeder Mitarbeiter, der eine andere Ansicht hat als Sie, hat das Recht darauf, diese Meinung zu vertreten. Das sollten Sie akzeptieren. Außerdem sollten Sie die Meinung selbst respektieren, auch wenn Sie sie ablehnen. Mit diesem partnerfreundlichen Verhalten setzen Sie sich leichter durch.

Sie haben gesehen, dass beim Machtdiktat des Stärkeren sich der partnerfreundlich agierende schwächere Gesprächspartner durchaus durchsetzen kann und damit das Machtdiktat ausschaltet. Ebenso kann der stärkere Gesprächspartner sich selbst dazu zwingen, das Machtdiktat nicht einzusetzen – zu beider Vorteil. Ich bin zwar schon im Kapitel 2 *Sie stören beim Hören* für den notwendigen Abbau von Aggressionen eingetreten, da aber Aggressionen zumeist in kontroversen Gesprächen immer wieder eine Rolle spielen und zum Machtdiktat verleiten, möchte ich nachfolgend noch ein paar zusätzliche Ausführungen machen.

Der böse Feind In einer kontroversen Verhandlung beschränken wir uns keineswegs auf die Verteidigung unserer Meinung. Nein, wir trachten danach, die andere (falsche!) Meinung unseres Partners schlechtzumachen, sie zu attackieren, ja, den Menschen mit dieser falschen Meinung anzugreifen. Jetzt wird dieser angegriffene Mensch natürlich ebenfalls aufgebracht, verteidigt seine Meinung, greift seinerseits unsere Position und auch uns persönlich an.

Ist einer der beiden Gesprächspartner hierarchisch – oder aus anderen Gründen – schwächer als der andere, gibt es wahrscheinlich ein Machtdiktat und der Schwächere resigniert und schweigt. Das kommt häufig vor. Es ist aber für den Stärkeren, der sich (scheinbar) durchgesetzt hat, vielleicht sogar mit einem Machtdiktat, durchaus nicht förderlich; denn der »Besiegte« (so empfindet sich der Schwächere) ist – wie jeder Verlierer – in seinem Selbstwertgefühl verletzt. Damit ist dem Sieger überhaupt nicht gedient. Er hat sich durch seinen Sieg die Möglichkeit verbaut, den anderen zu seiner Auffassung zu bekehren. Ein durch Sie aggressiv oder resigniert gestimmter Partner ist wahrscheinlich so mit der Verteidigung seiner eigenen Meinung oder mit der Trauer über die Verletzung seines Selbstwertgefühls beschäftigt, dass er nicht in der Lage ist, Ihre Meinung, Ihre Argumente auch nur anzuhören. Der schwächere, resignierende Partner hat zwar scheinbar Ihre Auffassung der Sache akzeptiert, weil er nichts mehr dagegen sagt, aber er fühlt sich verletzt. Verletztes Selbstwertgefühl will aber fast immer geheilt werden. Also wird er vermutlich versuchen, sich zu rächen.

Wichtige Überlegungen, die vor Beginn einer kontroversen Verhandlung angestellt werden müssen, sind folgende:

1. Wer ist stärker, mein Gesprächspartner oder ich?
2. Ein Sieg über den Gesprächspartner schadet mir, auch wenn ich der Stärkere bin.
3. Habe ich Ermessensspielraum, oder muss das inhaltliche Gesprächsziel erreicht werden?

Wie weit kann ich gehen?

Bei jedem kontroversen Gespräch gibt es drei mögliche Machtkonstellationen:

1. Sie und Ihr Gesprächspartner sind gleich stark.
2. Sie sind schwächer als Ihr Gesprächspartner.
3. Sie sind stärker als Ihr Gesprächspartner.

In der Vergangenheit mussten Sie sich, je nachdem, in welcher Position Sie sich befanden, eine Strategie zurechtlegen, mit der Sie versuchten, sich durchzusetzen. Mit dem partnerfreundlichen Verhalten besteht für Sie die große Chance, in jeder der drei Situationen den Gesprächspartner gewaltfrei für sich zu gewinnen.

Um es nochmals zu betonen: Vor jedem Gespräch oder Vortrag – ganz gleich, wie die Machtverhältnisse sind – sollten Sie sich immer wieder sagen, dass ein Sieg über den Gesprächspartner für Sie schädlich sein könnte. Unter »Sieg« verstehe ich in diesem Zusammenhang: überreden, »überfahren«, austricksen, zwingen, erpressen, befehlen, diktieren, einschüchtern usw. Damit verletzen Sie womöglich das Selbstwert-

Jeder Sieg zeugt neuen Krieg

gefühl des anderen und bringen ihn gegen sich auf. Das erschwert einen für Sie positiven Ausgang des Gesprächs. Es wäre sicher gescheiter, den oder die anderen durch partnerfreundliches Verhalten für sich und Ihre Position zu gewinnen.

Welcher Gesprächsausgang ist vorbestimmt?

Neben Überlegungen wie: »Welche Machtverteilung?« und: »Ein Sieg schadet« sollten Sie vor jedem wichtigen Gespräch an Folgendes denken: »Ist der Gesprächsausgang vorbestimmt oder habe ich Gestaltungsspielraum?«

Da gibt es nämlich nur zwei Möglichkeiten, und darüber sind sich viele nicht im Klaren:

1. Gespräche, bei denen die inhaltlichen Ziele, also der Gesprächsausgang, von vornherein unwiderruflich und unveränderlich feststehen; bei denen es also keine Abweichungen und keine Kompromisse geben kann; bei denen Sie gezwungen sind, das vorgegebene Ziel zu erreichen. Sie informieren nur.
Beispiele: Entlassungsgespräche, Versetzungsgespräche, Kritik- und Beurteilungsgespräche.
2. Gespräche, deren Ausgang offen ist, bei denen man sich zwar auch Ziele setzen muss, aber in dem Bewusstsein, dass diese Ziele – oder einige von ihnen – nicht unbedingt erreicht werden können. In denen man also während des Gesprächs (oder vorher schon zurechtgelegt) neue Ziele bzw. Kompromisse finden muss.
Beispiele: Problemlösungsgespräche, Schlichtungsgespräche, Gehaltsgespräche (manchmal).

Sie sollten demnach vor jedem kontroversen Gespräch folgende Überlegungen anstellen:

- Welches sind meine inhaltlichen Gesprächsziele? (Was will ich erreichen?)
- Muss ich diese Ziele erreichen oder habe ich Ermessensspielraum?

- Was mache ich, wenn ich gezwungen werde, meine Ziele aufzugeben?
- Welche neuen Ziele setze ich mir? Welche Möglichkeiten zum Kompromiss gibt es?
- Und besonders wichtig: Wie vermeide ich das Machtdiktat, beziehungsweise wie begegne ich ihm, wenn der Gesprächspartner es anwendet?

Ich habe für das folgende Beispiel die Machtkonstellation gewählt, bei der beide Gesprächspartner gleich stark sind. Außerdem handelt es sich um ein Problemlösungsgespräch. Der Gesprächsausgang ist also offen. Bitte übertragen Sie dieses Beispiel auf Ihre speziellen Situationen:

> *Sie sind Betriebsleiter eines Fertigungsbetriebes und brauchen dringend einen zusätzlichen Ingenieur. Ihr Gesprächspartner ist der Personalchef, der die Befugnis hat, den Mann einzustellen. Hierarchisch sind Sie beide gleichberechtigt. Zur Wahl stehen zwei Bewerber: Herr Altweis, ein erfahrener, älterer Ingenieur, und Herr Jungspund, ein jüngerer Ingenieur mit ähnlicher Qualifikation wie Altweis, aber ohne dessen berufliche und menschliche Erfahrung. Ihr Gesprächsziel ist es, den Ingenieur Altweis einzustellen. Der Personalchef, der sparen muss, will den Ingenieur Jungspund einstellen, der erheblich weniger kostet als Altweis. Jetzt gibt es vier Möglichkeiten des Gesprächsausgangs:*
> 1. *Der Personalchef siegt, Sie verlieren, weil Sie Ihr Gesprächsziel, Altweis einzustellen, nicht erreichen.*
> 2. *Sie siegen, der Personalchef verliert, weil er sein Gesprächsziel, Jungspund einzustellen, nicht erreicht.*
> 3. *Das Gespräch geht unentschieden aus. Beide erreichen ihre Gesprächsziele nicht.*
> 4. *Sie gewinnen den Personalchef für Ihr Gesprächsziel, das Sie damit erreichen.*

Beispiel: Problemlösungsgespräch

Bei den folgenden Gesprächsbeispielen für alle vier Möglichkeiten werde ich jeweils nur die entscheidende Gesprächsphase aufzeichnen:

1. Möglichkeit: Der Personalchef siegt, Sie verlieren

Personalchef: »*Also, Herr Leser, so kommen wir nicht weiter. Sie wissen ganz genau, dass die Geschäftsleitung uns alle – ich betone: alle! zu äußerster Sparsamkeit verpflichtet hat, also auch Sie.*«
Leser: »*Und ich bin für den reibungslosen Fertigungsablauf verantwortlich. Dazu brauche ich den Altweis!*«
Personalchef: »*Sie können doch nicht bestreiten, dass der Jungspund das auch leisten könnte.*«
Leser: »*Das nicht, nein, aber …*«
Personalchef: »*Nun sehen Sie, da sind wir uns ja einig; und ich kann der Geschäftsleitung melden, dass wir voll im Sparprogramm liegen.*«

Leser hat wahrscheinlich Gründe – welche auch immer –, jetzt nachzugeben. Aber er hat sein Gesprächsziel nicht erreicht und ist verletzt, weil er »überfahren« wurde.

2. Möglichkeit: Sie siegen, der Personalchef verliert

Leser: »*Also jetzt platzt mir doch der Kragen! Sie wollen wirklich von mir verlangen, jemanden einzustellen, von dessen Qualifikation ich nicht überzeugt bin?*«
Personalchef: »*Na, so ist das ja nicht. Die Qualifikation ist bei beiden gleich; und das bisschen Erfahrung hat der Jungspund schnell drauf.*«
Leser: »*Aber auf Kosten der Qualität! Wollen Sie es verantworten, jemand einzustellen, der uns schaden könnte? Ich möchte wirklich gerne wissen, wie Sie das der Geschäftsleitung gegenüber vertreten wollen!*«

Hier können wir wohl abbrechen, denn der Personalchef gibt vermutlich nach. Jetzt haben Sie (Leser) Ihr Gesprächsziel erreicht. Aber um welchen Preis! Der Personalchef ist sauer auf Sie (verletztes Selbstwertgefühl) und wird sich vermutlich irgendwann an Ihnen rächen. Das sollten Sie lieber nicht riskieren.

3. Möglichkeit: Das Gespräch endet unentschieden

Personalchef: *»Was sollen wir uns streiten, Herr Leser: Lassen wir doch die Geschäftsleitung entscheiden.«*

Auch dieser Gesprächsausgang ist für Sie unbefriedigend. Erstens haben Sie Ihr Gesprächsziel nicht erreicht, und zweitens erwecken Sie bei Ihrer Geschäftsleitung den Eindruck, ohne deren Hilfe nicht zurechtzukommen.

4. Möglichkeit: Leser gewinnt den Personalchef

Leser: *»Wenn ich Sie recht verstanden habe, dann ziehen Sie Herrn Jungspund vor, weil er weniger Geld fordert.«*
Personalchef: *» Ja, so ist es. Jungspund ist zwar nicht ganz so erfahren wie Altweis, aber das wird sich ja im Lauf der Zeit ändern.«*
Leser: *»Darauf möchte ich mich eigentlich nicht so gern verlassen. Ich bin unbedingt der Meinung, dass der Beste für uns gerade gut genug ist; und das ist nun mal der Altweis.«*
Personalchef: *»Ich bitte, mich aber auch zu verstehen. Ich habe von der Geschäftsleitung strengstes Spargebot. Da kann ich eigentlich gar nicht anders, als auf Jungspund zu bestehen.«*
Leser: *»Natürlich verstehe ich das. Ich überlege nur, wie ich Sie davon überzeugen kann, dass der Teurere, besser Qualifizierte wahrscheinlich auch der Preiswertere ist. Er verursacht weniger Pannen, arbeitet effizienter und leitet seine Mitarbeiter besser an.«*
Personalchef: *»Da ist sicher was dran. Aber wir können es vorher nicht wissen. Könnten Sie nicht an anderer Stelle etwas einsparen?«*

Hier können wir abbrechen; denn es sieht ganz so aus, als ob sich die Herren einigen würden. Was war bei diesem letzten Gespräch anders als bei den Gesprächen davor? Leser hat – und das war entscheidend – die Meinung des Personalchefs ernst genommen, hat sie respektiert und ihm das auch sehr deutlich gezeigt *(»Natürlich verstehe ich das«).*

Wie sieht diese Verhaltensänderung nun im Einzelnen aus? Leser hat die vorangegangenen (hier nicht aufgeführten) Ausführungen des Personalchefs zusammengefasst mit der Äußerung: *»Wenn ich Sie richtig verstanden habe, dann ...«* (partnerfreundliche Rückmeldung). Dadurch zeigte er ihm, dass er zugehört hatte, sich also für seine Meinung interessierte. Damit wurde die Beziehungsebene zwischen beiden Partnern sehr viel positiver, als sie vorher war. Der Personalchef fühlte sich verstanden und reagierte entsprechend entgegenkommend *(»Ja, so ist es ...«).* Auf die von ihm nicht akzeptierte Bemerkung des Personalchefs *(»... aber das wird sich ja im Lauf der Zeit ändern«)* antwortete Leser mit Ich-Aussagen; er griff die Äußerung des Personalchefs nicht an, sondern sagte *»Darauf möchte ich mich nicht verlassen«* und *»Ich bin der Meinung ...«.* Das stimmte den Personalchef positiv, und er bat um Verständnis, ebenfalls mit einer Ich-Aussage: *»Ich bitte, mich aber auch zu verstehen ...«* In dieser aggressionsfreien Atmosphäre begründete Leser dann seinen Vorschlag mit einleuchtenden Argumenten: *»... der Qualifiziertere ist wahrscheinlich auch der Preiswertere.«* Der Personalchef, der nicht angegriffen wurde, brauchte sich nicht zu verteidigen, lenkte weitgehend ein und bat, um sein Gesicht zu wahren, um einen Kompromiss: *»Könnten Sie nicht an anderer Stelle etwas einsparen?«*

Partnerfreundlich überzeugen

Hier ist die zum Erfolg führende Verhaltensänderung Lesers noch einmal zusammengefasst:

- Er hat gezeigt, dass er die andere (abweichende) Meinung ernst nahm.
- Er hat sie nicht angegriffen, nicht schlechtgemacht, sondern hat sie im Raum stehen lassen und dadurch dem Gesprächspartner signalisiert, dass er ihm das Recht auf seine Meinung zugestehe.
- Dann hat er seine eigene, andere Meinung vorgebracht, die der Personalchef durchaus wohlwollend anhörte

und prüfte, da er – und das war entscheidend – seine eigene (nicht angegriffene) Auffassung nicht zu verteidigen brauchte. Leser hat zugehört und durch die partnerfreundliche Wiederholung deutlich gemacht, dass ihn die Meinung des Gesprächspartners interessierte.
– Er hat »umkehrbar« formuliert, also nichts gesagt, was er umgekehrt nicht auch sich selbst, ohne Verletzung seines Selbstwertgefühls, angehört hätte.
– Er hat Ich-Aussagen verwendet, also den Personalchef nicht mit »Negativen Du-Aussagen« angegriffen, sondern er hat seine Meinung gesagt, seine Gefühle geäußert.

Eine Verhaltensänderung kann niemals glaubhaft sein ohne eine vorausgegangene Änderung des Bewusstseins. Nur wenn Sie tief innerlich überzeugt davon sind, dass jeder Mensch das Recht auf seine Meinung hat, nur dann werden Sie Ihr Verhalten überzeugend ändern können. Das fällt Ihnen gar nicht so schwer, wenn Sie immer wieder bedenken, dass Sie persönlich ganz großen Wert darauf legen, eine eigene Meinung vertreten zu dürfen, und sehr ungehalten sind, wenn jemand diese Meinung oder Ihr Recht, sie zu besitzen, angreift.

Es folgt etwas, das Sie vor Beginn eines Gesprächs vor sich selbst klarstellen sollten:

Unangenehmes sagen? Unangenehm!

Wenn Sie als Führungskraft einem Mitarbeiter etwas Unangenehmes sagen müssen oder wollen, so fällt Ihnen das oft nicht leicht – weniger aus Zartgefühl, sondern weil Sie die Reaktion des Getadelten fürchten. Sie möchten sich nicht gerne mit ihm auseinandersetzen. Sie sagen überhaupt nicht gern etwas Negatives. Vielleicht gehören Sie sogar zu den Chefs, die in solchen Situationen unklar, möglichst »wolkig« reden, die »wie die Katze um den heißen Brei« um den Sachverhalt herumschleichen oder besser -reden, sodass der Mitarbeiter gar nichts kapiert und sich nach dem Gespräch fragt: *»Was wollte der Alte eigentlich?«*

Beispiel: unklare Mitarbeiteransprache

Vorgesetzter: *»Also, Herr X, wir sind hier alle eine große Familie, und ich lege großen Wert auf einen kollegialen Ton. Ich bin überzeugt, dass es Ihnen bei gegebener Situation genauso geht. Ja, ich glaube eigentlich, dass Sie das besonders schätzen, wenn auch die Umstände oft so sind, dass es nicht möglich ist, so zu sprechen, wie man es eigentlich wollte. Und doch sollte man sich in solchen Situationen nicht hinreißen lassen, eventuell laut zu werden oder sich grob auszudrücken. Ich denke, Sie sind wohl auch dieser Meinung.«*

Dem Mitarbeiter bleibt wohl nichts anderes übrig, als den Vorgesetzten zu bestätigen. Aber ändern wird er seinen Umgangston – das wollte der Vorgesetzte ihm ja wohl nahebringen – gewiss nicht, da er nicht verstanden hat, was sein Chef eigentlich von ihm will. Solches »Gelaber« mit seinen Folgen brauchen Sie jetzt nicht mehr von sich zu geben. Sie sind nun in der Lage, sehr schnell und sehr deutlich zur unangenehmen Sache zu kommen. Warum? Weil Sie inzwischen gewohnt sind, das Selbstwertgefühl des Mitarbeiters zu achten, also umkehrbar zu formulieren und Ich-Aussagen (die ja ebenfalls umkehrbar sind) zu verwenden. Mit diesen neuen Fähigkeiten könnte der Vorgesetzte im Beispiel anstatt der »wolkigen« Ansprache von vorhin vielleicht Folgendes sagen:

Gegenbeispiel: Negatives deutlich, aber freundlich benennen

Vorgesetzter: *»Herr Stichfest, ich habe ein Problem. Ich glaube Sie könnten mir vielleicht dabei helfen.«*
Stichfest: *»Aber gerne.«*
Vorgesetzter: *»Seit etwa drei Monaten bekomme ich immer wieder Anrufe und Besuche von Kollegen, die sich darüber beschweren, dass Sie, Herr Stichfest, so unfreundlich sind. Sie würden alles besser wissen, würden ihnen über den Mund fahren, würden sie nicht ausreden lassen usw. Ich habe das zunächst nicht besonders ernst genommen, da ich Sie ja*

eigentlich ganz anders kenne. Aber da diese Beschwerden nicht aufhören, habe ich mir gedacht: Sprich doch ganz einfach mal mit Stichfest darüber. Wie ist es, haben Sie auch das Gefühl, dass Sie manchmal – wie sagt man so schön auf Neudeutsch – Kommunikationsschwierigkeiten haben?«
Stichfest: *»Nicht dass ich wüsste.«*
Vorgesetzter: *»Ja, das habe ich mir gedacht. Sie haben hier im Haus eine Art Beraterfunktion. Sie wissen also mehr als die Kollegen, mit denen Sie sprechen. Könnte es sein, dass Sie manchmal etwas ungeduldig sind, wenn die so gar nicht kapieren wollen, was Sie ihnen Gutes bringen?«*
Stichfest: *»Ja, manche sind wirklich ziemlich schwer von Begriff!«*
Vorgesetzter: *»Und dann drücken Sie sich manchmal ziemlich – wie soll ich sagen – deutlich aus. Könnte das passieren?«*
Stichfest: *»Ja, das will ich nicht ausschließen.«*

Wir können wohl hier abbrechen, denn der Vorgesetzte hat sein Ziel erreicht.

Was war anders als beim ersten Gespräch? Zunächst einmal war das zweite Gespräch ein Dialog, also kein Monolog der Führungskraft wie das erste. Dadurch wurde Herrn Stichfest die Möglichkeit zum Mitdenken gegeben. Die einleitende Ich-Aussage (*»Ich habe ein Problem«*) nahm dem Gespräch von vornherein den Charakter eines Verhörs oder einer Beschuldigung. Außerdem konnte der Vorgesetzte mit dieser Ich-Aussage sofort zur Sache kommen, da das Selbstwertgefühl von Stichfest intakt blieb, also keine Aggressionen geweckt wurden. Durch partnerfreundliche Fragen betrieb der Vorgesetzte Ursachenforschung – immer ohne zu beschuldigen. Er brachte Herrn Stichfest schließlich dazu, sein Verhalten zu überdenken, was gleichbedeutend war mit dem Vorsatz, in Zukunft seine Ungeduld zu zügeln. Damit hat er sein Gesprächsziel voll erreicht im Gegensatz zur ersten Fassung, bei der nichts erreicht wurde, da Stichfest ihn nicht verstanden hatte.

Beispiele zum Abgewöhnen

Es folgen einige Fälle, die sich in verschiedenen Firmen abgespielt haben. Sie spiegeln oft reines Machtdiktat. In Seminaren haben wir diese Fälle weiterentwickelt, und zwar in zwei Richtungen:

1. Wie hätten die Mitarbeiter auf das Machtdiktat des Vorgesetzten reagieren können oder sollen?
2. Wie hätte der Vorgesetzte sich ohne Machtdiktat durchsetzen können?

Zu 1: Wie hätten die Mitarbeiter auf das Machtdiktat des Vorgesetzten reagieren können oder sollen?

Auf das Machtdiktat des Führenden gibt es drei mögliche Reaktionen des Mitarbeiters:

a) **Resignation:** Der Mitarbeiter bleibt still und erleidet das Machtdiktat. Es bleibt offen, ob er sich später rächen wird. Diese Reaktion haben wir bei den Fällen nicht weiter berücksichtigt.
b) **Aggression:** Der Mitarbeiter wehrt sich mit negativen Du-Aussagen. Das geht meistens nicht gut für ihn aus.
c) **Partnerfreundlich:** Der Mitarbeiter begegnet dem Machtdiktat mit den Mitteln des partnerfreundlichen Verhaltens. Er erreicht dadurch in vielen Fällen, dass der Vorgesetzte ebenfalls auf umkehrbare Formulierungen umschaltet und so das Selbstwertgefühl seines Mitarbeiters wiederherstellt.

Zu 2.: Wie hätte der Vorgesetzte sich ohne Machtdiktat durchsetzen können?

Am Schluss eines jeden Falles haben wir den Vorgesetzten anstatt mit Machtdiktat partnerfreundlich agieren beziehungsweise reagieren lassen mit der Aussicht, ohne Umweg zu einem sachlichen Gespräch zu kommen.

Bitte sehen Sie diese Fälle aufmerksam an. Daran können Sie besonders gut die Vorteile des partnerfreundlichen Verhaltens erkennen. Fast jeder von Ihnen ist persönlich zweifach vom Inhalt dieser Fälle betroffen: als Vorgesetzter und als Mitarbeiter. Denn die meisten von Ihnen sind ja beides.

Selbstverständlich werden Sie später in Ihrer eigenen Realität andere, individuelle Worte verwenden. Wenn Sie aber inzwischen erkannt haben, welche Vorteile es bringt, andere Meinungen ernst zu nehmen (ganz abgesehen vom ethischen Anspruch), wenn Sie also aus Überzeugung Ihr Verhalten geändert haben, dann werden Sie als Vorgesetzter automatisch nicht mehr das Machtdiktat anwenden, sondern partnerfreundlich führen. Und als Mitarbeiter werden Sie auf Resignation und Aggression verzichten, weil Sie mit partnerfreundlichem Verhalten in der Regel den führenden Gesprächspartner dazu bringen werden, das Machtdiktat fallen zu lassen und stattdessen ebenfalls umkehrbar zu formulieren und so zu einem Gespräch zu kommen.

1. Fall: Zeitmangel

Herr Bertram, Chef einer mittelständischen Firma, sitzt am Schreibtisch und arbeitet. Er hat wirklich viel zu tun, da er gerade aus dem Urlaub gekommen ist und einen übervollen Schreibtisch vorgefunden hat. In dieser Situation platzt sein Betriebsleiter, Herr Blau, mit einem für ihn (Blau) sehr wichtigen Anliegen herein. **Situation**

Blau: *»Kann ich Sie einen Augenblick sprechen, Herr Bertram?«*
Bertram: *»Sie sehen doch, wie viel ich zu tun habe! Ich komme gerade aus dem Urlaub und muss aufarbeiten!«*
Blau: *»Was ich zu sagen habe, ist aber wirklich wichtig!«*
Bertram: *»Na also, wenn Sie nun schon mal hier sind. Aber bitte fassen Sie sich kurz!«*

Analyse Bertram hat gegen einen ganz wichtigen Führungsgrundsatz verstoßen: »Führungsarbeit geht vor Routinearbeit.« Er hat die Meinung von Blau nicht ernst genommen. Er wollte sie nicht einmal hören. Auch wenn er schließlich sagt »*Wenn Sie nun schon mal hier sind ...*«, zeigt dies, dass wenig Neigung da ist, Blau anzuhören. Die Aussage »*Aber bitte fassen Sie sich kurz*« ist sehr verletzend für das Selbstwertgefühl von Blau. Eine so wichtige Sache kann man nicht »kurz« abhandeln. Es besteht die Gefahr, dass Blau sich irgendwann für sein verletztes Selbstwertgefühl rächen wird. Bertram schädigt sich und seine Firma durch die in Zukunft vermutlich weniger positive Motivation des Betriebsleiters.

1. Wie hätte Blau auf das Machtdiktat von Bertram reagieren können oder sollen?

Dieser Fall ist dadurch besonders brisant, weil ja rein äußerlich gesehen alles in Ordnung ist. Blau hat sein Ziel, Herrn Bertram zu sprechen, erreicht. Er könnte also höchstens resignieren und nichts sagen *(a)*. Es besteht auch kein rechter Grund zur Aggression *(b)*. Trotzdem bleiben ein schlechter Geschmack und die Gefahren der in der Analyse aufgeführten Punkte.

c) Partnerfreundlich hätte Herr Blau etwa so reagieren können:

Blau: »*Ich verstehe ja Ihre Situation. Es tut mir wirklich leid. Aber meiner Meinung nach kann die Sache nicht warten. Ich brauche einfach Ihre Entscheidung noch heute.*«

Jetzt hätte Bertram seine Bemerkung »*Bitte fassen Sie sich kurz*« vermutlich leid getan, und er hätte vielleicht die Situation wie folgt entschärft:

Bertram: »*Das ist natürlich etwas anderes. Es tut mir leid, dass ich eben so kurz war, aber ich weiß wirklich nicht, wo mir der Kopf steht.*«

Entscheidend ist in solchen Situationen, dass der Betroffene – also Blau – nicht beleidigt oder empfindlich reagiert, sondern sagt, wie ihm zumute ist (Ich-Aussagen). Das hat beim Gesprächspartner fast immer eine positive Reaktion zur Folge. Sollte Bertram nicht gleich positiv reagieren, sondern zum Beispiel sagen:

Bertram: »*Hat das nicht Zeit bis morgen?*«

Dann könnte Blau wieder eine Ich-Aussage machen:

Blau: »*Ich brauche aber eine ganz schnelle Entscheidung, sonst befürchte ich eine unangenehme Entwicklung.*«

In einer solchen – anscheinend prekären – Lage wird Bertram seinen Betriebsleiter vermutlich nicht im Stich lassen und sich die Zeit nehmen. Dieses Beispiel zeigt übrigens besonders gut, wie auch der Mitarbeiter seine Meinung gegen die andere Ansicht des Vorgesetzten durch partnerfreundliches Verhalten durchsetzen kann.

2. Wie hätte Herr Bertram das Machtdiktat vermeiden und sich trotzdem durchsetzen können?

Durch partnerfreundliches Verhalten. Auf diesen Punkt 2. konnten wir bei diesem Fall verzichten, da sich Bertram ja zum Wohle der Firma auf keinen Fall durchsetzen durfte und auch nicht durchgesetzt hat.

2. Fall: Zu ehrlich oder zu feige?

Im Unternehmen ist es üblich, leitende Mitarbeiter nicht von auswärts zu holen, sondern Beförderungen aus den eigenen Reihen vorzunehmen. So ist es nicht ungewöhnlich, dass der Abteilungsleiter Conradi auf die freigewordene Stelle eines Hauptabteilungsleiters reflektiert. Er bittet den zuständigen Bereichsleiter Carstens um einen Besprechungstermin. Cars- **Situation** tens kann sich denken, worum es sich handelt. Er ist sich aber mit der Geschäftsleitung einig, dass eine Beförderung Conradis nicht infrage komme. Conradi ist ein guter Abteilungsleiter im Entwicklungsbereich, sehr kreativ, aber kein besonders guter Menschenführer. Es wäre wünschenswert, ihn auf dem Posten, den er jetzt innehat, zu halten. Carstens, als Ranghöherer, eröffnet das Gespräch.

Carstens: »*Nun, Herr Conradi, was haben Sie auf dem Herzen?*«
Conradi: »*Schön, dass Sie mich das fragen. Ich bin jetzt fast zehn Jahre in der Firma und habe, so glaube ich wenigstens, meine Arbeit immer zufriedenstellend erledigt. Ich meine, das hätte eigentlich eine Beförderung verdient. Herr Claas, mein Hauptabteilungsleiter, geht ja jetzt in den Ruhestand. Ich möchte Sie bitten, mir diese Position zu geben.*«
Carstens (1. Antwortmöglichkeit): »*Ich habe es mir fast gedacht. Hören Sie mal, Conradi, zeigt dieser Wunsch nicht eine gewisse Selbstüberschätzung? Da, wo Sie jetzt sind, ist Ihre Arbeit okay. Aber Hauptabteilungsleiter? Bitte nehmen Sie es mir nicht übel, dafür sind Sie nicht geeignet.*«
Carstens (2. Antwortmöglichkeit): »*Mein lieber Herr Conradi, natürlich ist Ihr Wunsch verständlich. Nur leider – die Stelle ist bereits besetzt. Die Geschäftsleitung hat anders entschieden. Ich bedaure das wirklich sehr, aber mach mal was gegen eine Entscheidung von oben. Ich bin aber ganz sicher, dass es bei der nächsten freien Stelle klappen wird.*«

Analyse
- Über die erste Antwort wird sich Conradi nicht sonderlich freuen. Carstens sagt ihm klipp und klar, dass er ihn für größenwahnsinnig hält, für völlig ungeeignet für die angestrebte Position – und das ohne jede Begründung. Außerdem ist die Anrede »Conradi« ohne »Herr« nicht umkehrbar und verletzend. Conradis Selbstwertgefühl bekommt einen gewaltigen Schlag, seine Arbeitsfreude auch. Es ist kaum anzunehmen, dass er in der Firma bleiben wird. Carstens Gesprächsziel, ihn in der jetzigen Position zu halten, ist also zumindest stark gefährdet.

- Bei der zweiten Antwort lügt Carstens. Es stimmt nicht, dass die Stelle schon besetzt ist; zumindest hätte Carstens das verhindern können, wenn er gewollt hätte. Carstens hat diese Entscheidung keineswegs bedauert. Die schlimmste Lüge ist die letzte: Carstens denkt gar nicht daran, Conradi zu befördern – auch in Zukunft nicht. Er zeigt eine ganz miese Haltung, nur um einer unangenehmen Unterredung aus dem Weg zu gehen. Auch die Eröffnungsworte: »*Mein lieber Herr Conradi …*« sind gemein. Erstens ist es eine Lüge – er findet ihn überhaupt nicht lieb – und zweitens ist die Bemerkung nicht umkehrbar, Conradi könnte das umgekehrt nicht zu Carstens sagen.

1. Wie hätte Conradi auf das Machtdiktat von Carstens reagieren können oder sollen?

a) **Resignieren:** Er nimmt die verletzende Äußerung seines Vorgesetzten zunächst hin. Später macht er »Dienst nach Vorschrift« und / oder sinnt auf Rache.

b) **Aggressiv reagieren:**
Conradi (erwidert auf Antwort 1): »*Also, Herr Carstens, das muss ich mir nicht gefallen lassen! Das können Sie überhaupt nicht beurteilen!*«
Conradi (erwidert auf Antwort 2): »*Also, Herr Carstens, machen Sie mir doch nichts vor. Ich weiß ganz genau, dass über die Stelle noch nicht entschieden ist. Und was die nächste freie Stelle anbetrifft, da fällt Ihnen bestimmt wieder eine gute Ausrede ein!*«

Durch beide Antworten würde die Beziehungsebene in Zukunft ganz negativ beeinflusst. Vermutlich wird Conradi nicht mehr viel Freude an seiner Arbeit haben, weil Carstens ihn schikanieren wird.

c) **Partnerfreundlich reagieren:**
Conradi (erwidert auf Antwort 1): »*Ich bin sehr betroffen,*

*dass Sie mich so beurteilen. Ich meine, das habe ich nicht
verdient. Wenn Sie mir die Chance geben, könnte ich Ihnen
beweisen, dass Sie mich vielleicht unterschätzen.«*

Ganz wichtig ist es, dass Conradi nicht beleidigt reagiert oder Carstens Vorwürfe macht. Mit der umkehrbaren Ich-Aussage: *»Ich bin sehr betroffen, dass Sie mich so beurteilen«* zeigt er seine Verletzung. Daran kann Carstens nicht gelegen sein. Er will ihn ja auf dem jetzigen Posten halten. Darum wird er zwar nicht in der Sache nachgeben, aber vermutlich in den Formulierungen umkehrbar werden und damit Conradi sein Selbstwertgefühl zurückgeben. Dadurch wird dann ein vernünftiges weiterführendes Gespräch möglich.

Bei der 2. Antwort wird Conradi es sehr schwer haben, Carstens zu einer Meinungs- oder auch nur Formulierungsänderung zu bringen. Er kann ihn ja wohl kaum einen Lügner nennen. Um aber Carstens' wirkliche Meinung zu erfahren und zu erreichen, dass dieser Conradis Anliegen ernst nimmt (was er ja in beiden Antworten nicht tut), könnte er zum Beispiel Folgendes sagen:

Conradi: *»Ich habe das Gefühl, dass Sie mich schonen wollen.
Bitte tun Sie das nicht. Ich bin an Ihrer wirklichen Meinung
interessiert, auch wenn sie mir vielleicht nicht gefällt.«*

Jetzt besteht die Chance, dass Carstens (vermutlich sogar umkehrbar) seine wirkliche Meinung sagt und Conradi nicht hingehalten wird.

2. Wie hätte Carstens das Machtdiktat vermeiden und sich trotzdem durchsetzen können?

Carstens: *»Ich bin froh, dass Sie das anschneiden, Herr Conradi. Ich hätte es von mir aus auch angesprochen. Ich sehe Sie ganz anders: Sie leisten dort, wo Sie jetzt sind, gute Arbeit. Ihre Fähigkeiten liegen aber eindeutig im kreativen Bereich. Menschenführung ist nicht so sehr Ihre Stärke. Als Haupt-*

abteilungsleiter im Bereich Entwicklung würde aber das Schwergewicht Ihrer Arbeit auf der Menschenführung liegen, nicht mehr so sehr auf der Kreativität. Wir würden also mit Ihrer Beförderung weder Ihnen noch der Firma einen Gefallen tun.«

Jetzt hat Carstens die Karten offen auf den Tisch gelegt, hat nichts verschleiert oder beschönigt. Aber er hat umkehrbar formuliert und die Meinung Conradis nicht angegriffen, nicht bagatellisiert oder lächerlich gemacht. Dadurch blieb Conradis Selbstwertgefühl intakt. Hieran sehen Sie ganz deutlich, dass nicht der Inhalt des Gesagten, sondern fast immer die Formulierung dieses Inhalts verletzt. Carstens hat deutlich seine Meinung und die der Geschäftsleitung gesagt, was Conradi natürlich nicht gefällt. Aber er weiß jetzt genau, woran er ist, und kann unbelastet durch verletztes Selbstwertgefühl abwägen, was er tun wird.

3. Fall: Keine Gehaltserhöhung

Herr Eilers ist seit 15 Jahren Sachbearbeiter. In dieser Zeit ist sein Gehalt nie wesentlich erhöht worden, wenn man vom jährlichen Inflationsausgleich absieht. Er ist eigentlich ganz zufrieden, denn er liebt seine Arbeit. Allerdings weiß er auch, dass er durchaus ersetzbar wäre. Seine Frau möchte gern in eine größere Wohnung ziehen, die sie sich aber vom jetzigen Gehalt nicht leisten können. Eilers braucht also eine fühlbare Gehaltserhöhung. Deswegen bittet er seinen Chef, Herrn Endrikat, um eine Unterredung. Er schildert Endrikat die Situation und endet mit der Bitte um Gehaltserhöhung.

Situation

Endrikat: *»Herr Eilers, Sie wissen sehr gut, dass wir uns höhere Kosten für Ihre Position nicht leisten können. Ihre Arbeit könnte von jedem anderen ebenso gut erledigt werden. Also – eine Erhöhung ist nicht drin.«*

Analyse Endrikat hat die Bitte von Eilers in einer Weise abgelehnt, die diesen heftig verletzt. Es war Machtdiktat pur und gestaltet die Beziehungsebene zwischen beiden sehr negativ.

1. Wie hätte Eilers auf das Machtdiktat von Endrikat reagieren können oder sollen?

a) Resignieren: Also die Verletzung des Selbstwertgefühls zunächst hinnehmen. Später »Dienst nach Vorschrift« machen und/oder Wiederherstellung des Selbstwertgefühls durch Rache anstreben.

b) Aggressiv reagieren:
Eilers: »*Ich finde es unerhört, dass Ihre miese, inkompetente Meinung zur Grundlage von Entscheidungen gemacht wird. Fragen Sie doch mal Ihren Kollegen Herrn Effem, der sieht mich ganz anders!*«

Jetzt hat Eilers sämtliche Türen zugeschlagen, und ein vernünftiges Gespräch ist kaum noch möglich.

c) Partnerfreundlich reagieren:
Eilers: »*Ihre Einstellung zu mir erschüttert mich. Es ist mir klar, dass Sie mir bei dieser Beurteilung keine Gehaltserhöhung geben können. Aber was kann ich tun, um Ihre Einstellung zu ändern?*«

Vielleicht entwickelt sich jetzt ein vernünftiges Gespräch mit Perspektiven für Eilers.

2. Wie hätte Endrikat das Machtdiktat vermeiden und sich trotzdem durchsetzen können?

Endrikat: »*Herr Eilers, es hat natürlich Gründe, dass Ihr Gehalt in der Vergangenheit nicht wesentlich angehoben wurde. Ihre Position ist keine Schlüsselposition. Sie verlangt auch keine besonderen Qualifikationen. Das ist auch der Grund, warum Sie nach wie vor dort sitzen und von uns aus auch bleiben werden. Sie machen diese Arbeit zufriedenstellend und – soweit ich es beurteilen kann – auch gern. Aber wir sehen keine Möglichkeit, diese Position höher zu dotieren.«*

Jetzt weiß Eilers Bescheid. Es ist zwar nicht erfreulich, was er gehört hat. Aber es war nicht persönlich verletzend und – man kann wenig dagegen einwenden.

4. Fall: Der renitente Stellvertreter

In einer Versicherungsgesellschaft ist es üblich, Beförderungen aus den eigenen Reihen vorzunehmen, das heißt nach Möglichkeit niemanden von außen auf leitende Positionen zu holen. Man hat deswegen eine Art Pool eingerichtet, in dem Führungsnachwuchs »geparkt« wird. Die Damen und Herren dieses Pools gehen nach festgelegten Plänen durch alle Bereiche der Firma und werden vom Abteilungsleiter des Pools, Herrn Gebhard, geschult. Da Gebhard in hohem Maße das Vertrauen des Vorstands genießt, wird er häufig als »Feuerwehr« in Außenstellen und Agenturen geschickt. **Situation**

Während Gebhards Abwesenheit führt dessen Stellvertreter, Herr Gerstner, die Abteilung, und er hat im Laufe der Zeit auch mehr und mehr die Schulung des Führungsnachwuchses übernommen. Ursprünglich hatte Gerstner selbst auch einmal zu diesem Führungsnachwuchs gehört, war aber von Gebhard immer häufiger als rechte Hand und schließlich als Stellvertreter herangezogen worden und ist so in der Abteilung hängen geblieben. Viele der heutigen Führungskräfte hat Gerstner ausgebildet. Vor einigen Tagen war vom Personalvorstand eine Anforderung für die Position eines Abteilungsleiters im Außendienst gekommen. Gebhard hatte mit Gerstner darüber gesprochen, welche von den Damen und Herren des Nachwuchspools dafür infrage kämen. Sie einigten sich auf Frau Gutbeiner und Frau Gallo.

Allerdings ließ Gerstner erkennen, dass er selbst gerne diese Position übernehmen würde. Er sei nun schon so lange Stellvertreter und wolle gern selbst einmal die Annehmlichkeiten und die Selbstständigkeit eines Abteilungsleiters genießen. Gebhard entscheidet sich aber für Frau Gallo als die für diese Position am besten Geeignete. Er bittet darum Gerstner zu einem Gespräch, um ihm mitzuteilen, dass er sich für Frau Gallo entschieden habe. Gerstners Interesse an dieser Position nimmt er nicht allzu ernst. Außerdem will er ihn nicht als seinen Stellvertreter verlieren. Nach der Begrüßung werden zunächst einige Routinesachen besprochen, dann kommt Gebhard zur Sache:

Gebhard: »*Wir haben hier noch die Anforderung des Vorstandes für die Abteilungsleiter-Position im Außendienst, über die wir ja schon gesprochen haben. Also, ich habe mich für Frau Gallo entschieden. Sie waren ja auch der Meinung, dass Frau Gallo durch ihre ausgeprägte Fähigkeit, auf Menschen zuzugehen, besonders geeignet wäre.*«

Gerstner: »*Wir hatten aber auch über mich gesprochen, das heißt, ich hatte den Wunsch geäußert, dabei berücksichtigt zu werden.*«

Gebhard: »*Also, mein lieber Gerstner, das überrascht mich eigentlich. Ich hatte Ihre Äußerung nicht ganz ernst genommen, weil ich weiß, wie sehr Sie Ihre jetzige Tätigkeit lieben. Sie sind ein prima Stellvertreter, aber als Abteilungsleiter, ja, wie soll ich es sagen, wären Sie sicher überfordert.*«

Gerstner: »*Woher wollen Sie das wissen?*«

Gebhard: »*So was fühlt man einfach. Dass Sie es nicht auch fühlen, spricht ja irgendwie deutlich gegen Ihre Qualifikation.*«

Analyse Gebhard sagt, dass er den Wunsch Gerstners nicht ernst nimmt. Schon dadurch verletzt er sein Selbstwertgefühl. »*Mein lieber Gerstner*« ist gewiss nicht umkehrbar, Gerstner könnte es nicht zu Gebhard sagen, ohne eine unangenehme Situation herbeizuführen. Der Zirkelschluss »*Wenn Sie nicht fühlen, dass Sie nicht qualifiziert sind, dann sind Sie auch nicht qualifiziert*« zerstört den Rest von Gerstners Selbstwertgefühl. Selbst wenn alles beim Alten bliebe, würde Gerstner sicher nicht mehr mit derselben Freude arbeiten wie bisher. Sein inneres Verhältnis zu Gebhard ist vermutlich nachhaltig gestört – mit allen für diesen damit verbundenen Konsequenzen.

1. Wie hätte Gerstner auf das Machtdiktat von Gebhard reagieren können oder sollen?

a) **Resignieren:** Also die Verletzung des Selbstwertgefühls zunächst hinnehmen. Später »Dienst nach Vorschrift« machen und/oder Wiederherstellung des Selbstwertgefühls durch Rache anstreben.

b) **Aggressiv reagieren:**
Gerstner: »*Also hören Sie mal, Herr Gebhard, Sie müssten sich ja selber für einen Depp halten, wenn Sie eine solche Niete – für die Sie mich ja offensichtlich ansehen – schon so lange als Ihren Stellvertreter beschäftigen. Dabei weiß doch jeder in der Firma, dass alles erst so richtig klappt, wenn Sie nicht da sind. Und was ist mit den vielen Führungskräften, die ich ausgebildet habe?*«

Es ist anzunehmen, dass nach diesen oder ähnlichen Äußerungen Gerstners die weitere Zusammenarbeit zwischen beiden stark gefährdet ist.

c) **Partnerfreundlich reagieren:**
Gerstner: »*Das war aber nicht sehr freundlich, Herr Gebhard. Im Übrigen halte ich mich durchaus für geeignet für diese Position! Das habe ich schließlich wiederholt bewiesen. Bitte lassen Sie uns doch mal im Einzelnen darüber reden.*«

Diese Ich-Aussage mit dem weiterführenden Satz »*... doch im Einzelnen darüber reden*« zu wollen, würde vielleicht zu einem entspannteren Gespräch führen. Gebhard könnte dann im Laufe des Gesprächs sogar zeigen, dass er Gerstners Wunsch inzwischen ernst nimmt, etwa folgendermaßen:

Gebhard: »*Bei den nächsten Anforderungen ist sicher bald eine Position, die Ihnen auch liegen würde. Ich verliere Sie zwar nicht gern, aber ich würde mich dann voll für Sie einsetzen, wenn Sie es wollen.*«

2. Wie hätte Gebhard das Machtdiktat vermeiden und sich trotzdem durchsetzen können?

Seine Ziele müssten sein:
- Gerstner deutlich zu machen – ohne ihn dadurch zu verletzen –, dass er ihn nicht befördern möchte.
- Ihn zu motivieren, weiter mit Freude in der jetzigen Position als Trainer und stellvertretender Abteilungsleiter zu arbeiten.

Er hätte also zum Beispiel Folgendes sagen können:

Gebhard: »*Ich freue mich, dass Sie Ehrgeiz haben, Herr Gerstner. Allerdings würde ich Ihnen dringend von einer Abteilungsleitung abraten, aus folgenden Gründen: Sie arbeiten gut mit dem einzelnen Menschen, wenn es gilt, ihm etwas beizubringen. Der Umgang mit Menschen macht Ihnen einfach Freude. Als Abteilungsleiter haben Sie viel mehr Verwaltungsarbeit, die Ihnen nicht so liegt. Denken Sie doch nur daran, wie Sie immer stöhnen, wenn ich verreist bin und Sie die Monatsstatistiken termingerecht abliefern müssen!*«

Jetzt fühlt sich Gerstner, trotz der Ablehnung seines Wunsches, ernst genommen, also in seinem Selbstwertgefühl nicht verletzt; und beide könnten sachlich über die Angelegenheit sprechen.

5. Fall: Uneinsichtig

Situation

Herr Horster ist Inhaber eines großen, renommierten Damenfrisörsalons. Der Salon ist dauernd ausgebucht, denn seine Mitarbeiterinnen und Mitarbeiter sind Spitzenkräfte. Besonders Herr Hanfried hat es den Kundinnen angetan, denn er ist als Top-Stylist ein Star unter den Frisören der Region. Horster könnte also sehr zufrieden sein, wenn nur die Rendite stimmen würde. Obwohl der Umsatz hoch und die Preise gepfeffert sind, balanciert Horster dauernd am Rande der roten Zahlen. Das ist natürlich unbefriedigend. Deshalb hat er seit etwa einem Vierteljahr das Verkaufssortiment erweitert und versucht seinen Gewinn durch mehr Warenverkauf – Shampoo, Seife, Toilettenartikel usw. – aufzubessern. Am besten verkauft es sich am Behandlungsstuhl, wenn die Kundinnen den Bedienungskräften »ausgeliefert« sind. Es bietet sich förmlich an, das gleiche Shampoo, die Spülung, den praktischen Kamm, die weiche Bürste usw. während des Gebrauchs zu empfehlen. Die Mitarbeiter bemühen sich redlich, teils mit mehr, teils mit weniger Erfolg. Nur Hanfried weigert sich prinzipiell. Er sei Künstler und kein Verkäufer. Wenn er Verkäufer hätte werden wollen, dann hätte er sich die teure Ausbildung zum Haar-Stylisten sparen können. Horster hatte immer wieder gehofft, dass gelegentliche zarte Hinweise Wirkung zeigen würden. Aber das war nicht der Fall. Nun ist er ärgerlich und beschließt, Hanfried massiv zur Ordnung zu rufen. Er bittet ihn, nach Feierabend noch im Geschäft zu bleiben, da er mit ihm sprechen wolle.

Horster: *»Also, Herr Hanfried, ich sehe mir das nun schon eine ganze Weile an. So geht das nicht weiter. Sie wissen ganz genau, dass wir auf die Verkaufserlöse angewiesen sind, wenn wir uns so teure Kräfte leisten wollen, wie Sie eine sind. Ich weiß nicht, warum Sie nichts verkaufen, ob es Ignoranz oder Faulheit ist. Ich weiß nur eines: Das muss sich ändern! Also, ich darf doch sehr bitten! In vier Wochen sprechen wir uns wieder, dann will ich Ergebnisse sehen.«*

Analyse Durch seine negativen Du-Aussagen hat Horster seinen Mitarbeiter schwer gekränkt. Er hat dessen Anspruch, Künstler zu sein, überhaupt nicht ernst genommen. Wenn Hanfried nicht gleich während dieses Gespräches kündigt, dann wird er es höchstwahrscheinlich bald danach tun. Daran kann Horster aber keinesfalls gelegen sein, denn Hanfried ist ja eine Art Aushängeschild für den Salon. Horsters Machtdiktat ist in diesem Falle nicht nur unklug, sondern auch ziemlich wirkungslos, denn Hanfried sitzt am längeren Hebel: Die Konkurrenz wartet schon auf ihn.

1. Wie hätte Hanfried auf das Machtdiktat von Horster reagieren können oder sollen?

a) Resignieren: Also die Verletzung des Selbstwertgefühls zunächst hinnehmen. Später »Dienst nach Vorschrift« machen und/oder Wiederherstellung des Selbstwertgefühls durch Rache (zum Beispiel Kündigung) anstreben.

b) Aggressiv reagieren:
Hanfried: »*Chef, das reicht mir. Entweder akzeptieren Sie mich als das, was ich bin, also als Künstler, oder Sie können sich jemand anders suchen!*«

Hanfried ist in einer starken Position, denn Horster braucht ihn. Aber er kann nie wissen, ob er nicht Horster auch noch einmal braucht – und überhaupt – eigentlich ist Hanfried ja ganz gerne bei Horster.

c) Partnerfreundlich reagieren:
Hanfried: »*Diesen harten Angriff habe ich nicht verdient. Ich bin darüber sehr betroffen. Fast habe ich das Gefühl, Sie wollen mich loswerden. Darf ich Ihnen bitte meine Gründe noch einmal auseinandersetzen?*«

Durch die Ich-Aussagen, die seine Betroffenheit zeigen, holt Hanfried seinen Chef vielleicht auf den Boden der Realität zurück und beschämt ihn sogar bis zu einem gewissen Grad. Durch sein Gesprächsangebot (weiterführender Satz) »*Darf ich Ihnen meine Gründe auseinandersetzen?*« ebnet er den Weg zu einem vernünftigen Gespräch, das vielleicht zu einer Lösung des Konfliktes führt.

2. Wie hätte Horster das Machtdiktat vermeiden und sich trotzdem durchsetzen können?

Horster: »*Sie wissen, Herr Hanfried, dass ich Sie sehr schätze. Sie sind eine wirkliche Spitzenkraft. Darüber hinaus mag ich Sie auch als Mensch. Aber jetzt habe ich ein Problem mit Ihnen: Wir sind einfach auf die Verkaufserlöse angewiesen. Wenn nicht alle Mitarbeiter dabei mithelfen, dann langt es mit der Rendite hinten und vorne nicht. Sie, Herr Hanfried, haben die meisten Kundenkontakte durch Ihre Beliebtheit, aber so gut wie keine Verkaufserfolge. Ich würde mir so wünschen, dass Sie auch mitziehen. Woran liegt es, dass das nicht so ist?*«

Jetzt muss sich Hanfried äußern. Horster hat ihn nicht beschuldigt oder angeklagt (was sofort Aggression zur Folge gehabt hätte), sondern hat ihm seine Wertschätzung gezeigt und ihn um Hilfe gebeten.

6. Fall: Mitarbeitergespräche sind lästig

Herr Köhler ist ein viel beschäftigter Mann. Es ist sehr schwer für seine Mitarbeiter, einen Termin bei ihm zu bekommen. Im Grunde genommen hält er Gespräche mit Mitarbeitern für lästige Störungen und für Zeitverschwendung. Die müssten doch selbst wissen, was sie zu machen hätten, dafür bezahle er sie ja schließlich. Ihm ist nicht klar, dass es seine Hauptaufgabe ist – die Hauptaufgabe jeder Führungskraft –, seine Mitarbeiter in die Lage zu versetzen, möglichst effizient zu arbeiten, sie erfolgreich zu machen. Nun hat sein Mitarbeiter Kastein um einen Termin gebeten. Er hat ein für ihn äußerst wichtiges persönliches Problem. Seine Frau ist sehr krank und

Situation

braucht dringend Geld für eine teure Operation, die nur im Ausland durchgeführt werden kann und von den deutschen Kassen nicht übernommen wird.

Kastein sitzt vor dem Schreibtisch Köhlers und schildert seine Lage.

Köhler malt Männchen oder er unterschreibt die Post oder er führt ein kurzes Telefonat oder er flüstert mit seiner Sekretärin, die wegen einer eiligen Sache hereingekommen ist, oder Ähnliches. Zwischendurch sagt er ab und zu: »*Sprechen Sie nur weiter, ich höre schon zu.*« Kastein ist ganz verzweifelt.

Analyse Selbst bei einem weniger wichtigen Anliegen Kasteins würde dieses Verhalten Köhlers dessen grenzenlose Ignoranz zeigen. Kastein fühlt sich nicht angenommen und seine Meinung (sein Anliegen) überhaupt nicht respektiert. Die Beziehungsebene wird restlos negativ. Auch wenn Köhler tatsächlich zugehört hätte, würde das nichts ändern: Ein Gesprächspartner (gerade ein Mitarbeiter), der sich ernst genommen fühlen will, muss sehen, dass der Partner ihm zuhört.

1. Wie hätte Kastein auf das (wortlose) Machtdiktat von Köhler reagieren können oder sollen?

a) **Resignieren:** Also die Verletzung des Selbstwertgefühls zunächst hinnehmen. Später »Dienst nach Vorschrift« machen und/oder Wiederherstellung des Selbstwertgefühls durch Rache anstreben.

b) **Aggressiv reagieren:**
Kastein: »*Also, das ist doch ein starkes Stück: Sie hören mir ja gar nicht zu! Da brauche ich Ihnen und mir ja nicht die Zeit zu stehlen!*«

So kommt Kastein der Lösung seines Problems sicher nicht näher.

c) Partnerfreundlich reagieren:
Kastein: *»Ich habe das Gefühl, dass Sie mir nicht richtig zuhören. Vielleicht darf ich zu einem gelegeneren Zeitpunkt wiederkommen?«*

Jetzt hat Kastein seinem Chef ein schlechtes Gewissen verpasst. Vermutlich wird er sich entschuldigen und Interesse zeigen.

2. Wie hätte Köhler das Machtdiktat vermeiden können?

Es wurde schon in der Analyse gesagt: Er muss zeigen, dass er zuhört, zum Beispiel durch Blickkontakt, durch Mienenspiel, durch Zwischenbemerkungen usw. Damit entfällt auch das unmögliche Benehmen, das in der Analyse beanstandet wurde.

Anmerkungen zu den Fällen

Alle hier aufgeführten Fälle sind einander ähnlich, da es sich um Machtdiktat oder Vergleichbares, also um Führungsfehler handelt, die durch bösartiges, ungeschicktes oder gedankenloses Miteinander-Reden entstanden sind. Sie sind alle übertragbar auf ähnliche Situationen in Ihrem Berufs- und Privatleben.

Das Machtdiktat oder andere nicht umkehrbare Formulierungen sind immer verbunden mit dem Nicht-Ernstnehmen, dem Nicht-Respektieren einer anderen Meinung. Sie führen, gegenüber selbstbewussten Menschen angewendet, fast immer zu verdeckten oder offenen Aggressionen (Versuch der Wiederherstellung des Selbstwertgefühls). Dabei sollte keiner von uns den ersten Stein werfen: Wer mächtiger ist als sein Gesprächspartner, zum Beispiel eine Führungskraft, erliegt leicht der Versuchung, das Machtdiktat anzuwenden. Und fast jeder von uns ist – im weitesten Sinne – »Führender« und »Geführter«.

Ein Machtdiktat kann in ganz unterschiedlichen Konstellationen angewendet werden, nicht nur in betrieblichen oder organisatorischen Hierarchien. Es wird auch in folgenden Beziehungen benutzt:

Starker – Schwacher
Reicher – Armer
Mann – Frau
Eltern – Kinder
Arzt – Patient
Fachmann – Laie
Beamter – Bürger
Gast – Kellner
Kunde – Dienstleister
(in manchen Fällen auch umgekehrt)

5 Partnerfreundlich führen heißt: Zum Menschen reden, nicht zur Sache

> *»Wenn du ein Schiff bauen willst,*
> *dann trommele nicht Männer zusammen,*
> *um Holz zu beschaffen,*
> *Aufgaben zu vergeben*
> *und die Arbeit einzuteilen,*
> *sondern lehre die Männer die Sehnsucht*
> *nach dem weiten, endlosen Meer.«*
> ANTOINE DE SAINT-EXUPÉRY

Die positive Motivation von Abhängigen (z.B. Mitarbeitern) gilt häufig als psychologischer Trick. Viele Führungskräfte wollen es einfach nicht glauben, dass Menschen aus Freude an der Arbeit Beachtliches leisten, dass Arbeit Spaß machen und man in ihr aufgehen kann, um etwas zu vollbringen, auf das man stolz ist. Sehen Sie sich doch einmal Ihre Mitbürger an, die bis zur Selbstaufgabe ihre Autos waschen und polieren und darüber das Mittagessen vergessen. Oder denken Sie an den Amateursport. Welche Leistungen werden hier vollbracht!

Menschen arbeiten gerne

Das sind durchaus anstrengende Tätigkeiten – zumeist anstrengender als die normale Berufsarbeit. Sie erfordern Opfer und Unbequemlichkeiten und sind manchmal sogar gefährlich und teuer. Das alles nehmen unsere Mitmenschen aber auf sich, weil es ihnen Spaß macht. Meinen Sie nicht, dass diese freudige Bereitschaft bei der beruflichen Arbeit ebenfalls zu erreichen wäre, wenn diese mehr Spaß bereiten würde?

Wie ließe sich eine solche Motivation wenigstens annähernd erreichen? Das fällt in Ihre Zuständigkeit und liegt in Ihrer Hand – in der Hand der Führungskraft.

Sie sind als Führungskraft für die positive Motivation Ihrer Mitarbeiter zuständig und verantwortlich.

So, wie Sie sich selbst entfalten wollen, sollten Sie den Mitarbeitern bei deren Selbstentfaltung helfen,

- indem Sie ihnen das Recht auf eine eigene Meinung zugestehen,
- indem Sie diese Meinung respektieren (nicht tolerieren!),
- indem Sie ihr Selbstwertgefühl achten und aufbauen,
- indem Sie sie motivieren und erfolgreich werden lassen.

Diese Haltung entspricht der Achtung vor der Einmaligkeit und Würde des Menschen, so wie sie im ersten Artikel des Grundgesetzes als unantastbar geschützt ist. Außerdem bringt diese Einstellung zu den Menschen – speziell aber zu denen, die Sie zu führen haben – große Vorteile, auch in Euro und Cent; denn sie sorgt für effizienteres Arbeiten. Der wichtigste Teil Ihrer Führungsaufgaben ist die Kommunikation mit Ihren Mitarbeitern. Diese sind alle Menschen mit Verstand, Meinungen, Erfahrungen und Gefühlen. Sie sind auf diese Menschen angewiesen, weil Sie deren Hilfe brauchen. Ebenso benötigen Sie für Ihre Zielerreichung die Hilfe von Kollegen, Vorgesetzten, Kunden, Lieferanten und anderen. Auch das sind Menschen, um es noch einmal zu betonen. Der Umgang mit Menschen, deren Beeinflussung, deren Motivation im Hinblick auf die Ziele, die Sie erreichen wollen und müssen, war in Ihrer Ausbildung meist nicht vorgesehen. Wenn Sie aber Ihre Aufgabe als Menschenführer so gut wie irgend möglich wahrnehmen wollen, müssen Sie immer wieder überzeugen.

Als Mensch mit Menschen reden

Das *Führen mit Worten* ist die wirkungsvollste und damit wichtigste Art der Führung. Durch Ihr partnerfreundliches Verhalten sind Sie in der Lage, als Mensch mit Menschen zu reden. Im Gegensatz zu vielen anderen Methoden, sich durchzusetzen, hinterlässt das partnerfreundliche Verhalten keine Wunden. Deswegen ist es nicht nur erfolgreich, sondern auch human. Außerdem ist es keine »Masche«, sondern eine Verhaltensweise, die Maschen und Tricks völlig überflüssig macht, ja, sie sogar ausschließt. Partnerfreundliche Führung wird deshalb wirksam bleiben, solange es Menschen gibt. Dieses Buch kann mithin niemals veralten.

Keine Angst vor Gefühlen!

Jeder Mensch hat Gefühle. Furcht und Hoffnung, Niedergeschlagenheit und Begeisterung, Trauer und Freude empfindet jeder irgendwann einmal. Die Frage ist nur: Zeigt er's? Im Berufsleben gilt es auch heute noch meist als unseriös, Emotionen zu offenbaren. Das partnerfreundliche Verhalten allerdings beruht weitgehend darauf, dass man sich nicht scheut, Gefühle offenzulegen. Alle Ich-Aussagen sind ja Gefühlsäußerungen – und deshalb so wirkungsvoll. Wir wissen, dass Gefühle ansteckend sind (siehe das Kapitel *Wie du kommst gegangen ...*) und sich auf den Partner übertragen können. Also wäre es fahrlässig, dieses Element zur positiven Gestaltung der zwischenmenschlichen Beziehungen nicht einzusetzen. Sie können natürlich nur Emotionen zeigen, die Sie wirklich haben. Sonst wären Sie Schauspieler.

Ich bin der Meinung, dass es zur Vorbereitung einer Rede oder eines Gesprächs gehört, zu überlegen, in welche Stimmung Sie den Partner an welcher Stelle versetzen wollen, damit Sie diese Atmosphäre in diesem Augenblick in sich entstehen lassen können. Nun ist das Erzeugen von Gefühlen in emotionalen Situationen nicht schwer. Schwierig ist es hingegen, sie öffentlich zu zeigen, denn das ist ja die Voraussetzung für die Übertragung auf den Partner. Kann man den offenen Umgang mit Emotionen üben? Ich habe dafür kein Rezept, aber eine Möglichkeit, die vielleicht weiterhilft.

ÜBUNG

Sprechen Sie bitte dieses Gedicht von Heinrich Heine:

»Der Schmetterling ist in die Rose verliebt.
Umflattert sie tausendmal.
Ihn selber aber goldig zart,
umflattert der liebende Sonnenstrahl.

Jedoch, in wen ist die Rose verliebt?
Das wüsst ich gar zu gern.
Ist es die singende Nachtigall?
Ist es der schweigende Abendstern?

Ich weiß nicht, in wen die Rose verliebt,
ich aber lieb Euch all:
Rose, Schmetterling, Sonnenstrahl,
Abendstern und Nachtigall.«

Sprechen Sie das Gedicht zunächst so, wie es Ihnen gefällt, ohne dass Sie sich große Mühe bei der Gestaltung geben. Beim zweiten Mal versuchen Sie, sich in den Text hineinzuversetzen. Füllen Sie ihn mit Gefühlen, die Ihnen angebracht erscheinen. Zunächst werden Sie wahrscheinlich diese Emotionen nur vortäuschen, so gut Sie es können. Aber beim dritten, vierten Mal werden Sie sie wirklich fühlen. Stellen Sie sich mit dem Text vor den Spiegel und betrachten Sie sich zwischendurch. Versuchen Sie, das, was Sie fühlen, im Gesicht und vielleicht sogar mit Händen und Armen auszudrücken. Üben Sie so lange, bis Sie zufrieden sind. Tragen Sie dann den Text einem Menschen vor, der Ihnen nahesteht und vor dem Sie sich nicht schämen. Lassen Sie sich von ihm Rückmeldung geben, ob er eine Übereinstimmung zwischen Text und Vortrag sieht. Sollte das nicht der Fall sein, so üben Sie so lange weiter, bis er einverstanden ist.

Sie werden als Redner nur dann wirklich überzeugen, wenn Ihre Hörer Sie auch als Mensch akzeptieren. Das tun sie dann, wenn Sie sich menschlich geben, wenn Sie (kontrolliert) ausdrücken, was Sie fühlen.

6. Sie können sich ändern, wenn Sie nur wollen

*»Der ich bin grüßt wehmütig den,
der ich sein möchte.«*
CHRISTIAN MORGENSTERN

1. Wenn ich bei mir etwas verändern will, muss ich genau wissen, was ich will. Ich muss diese gewünschte Veränderung als mein Ziel formulieren und das Erreichen dieses Zieles zu meinem festen Vorsatz machen (Zielklarheit).

2. Ich muss diese Zielvorstellung zu meiner festen Gewohnheit machen: zur Gewohnheit, *»es nicht mehr zu tun«*, wenn es ein Verhalten ist, das ich ablegen will; zur Gewohnheit, *»es zu tun«*, wenn es ein Verhalten ist, das ich mir aneignen will.

3. Gewohnheiten sind Programme im Unterbewusstsein. Deshalb programmiere ich mein Unterbewusstsein durch ständiges Denken an diesen meinen Vorsatz – also durch fortwährendes Bewusstmachen.

4. Ich formuliere meinen Vorsatz direkt, also nicht: *»Ich will zuhören«*, sondern: *»Ich höre immer und überall zu.«*

5. Ich stelle mir dauernd vor, wie es sein wird, wenn die gewünschte Änderung eingetreten ist, wenn ich also

meinen Vorsatz erreicht habe. Ich denke einfach, als ob das, was ich will, schon eingetreten wäre.

6. Je häufiger ich an meinen Vorsatz denke, desto schneller erreiche ich ihn, desto früher wird er zur Gewohnheit. Damit ich möglichst häufig an ihn denke, schaffe ich mir Gedächtnishilfen wie: täglicher Eintrag in mein Notizbuch, Zettel mit der Aufschrift »*Ich halte alle meine Vorsätze!*« oder nur »*V*« in allen Taschen, am Badezimmerspiegel, am Armaturenbrett vom Auto, auf dem Schreibtisch, in der Handtasche usw.

7. Ich bilde mir Vorsatzformeln und spreche sie morgens, mittags, abends mindestens je 25-mal, z.B.: »*Ich höre immer und überall zu.*«

8. Ich strebe immer nur einen Vorsatz an. Erst wenn ich den erreicht habe, strebe ich den nächsten an.

9. Ich beginne mit einfachen Vorsätzen, damit ich möglichst schnell Erfolg habe.

10. Je mehr ich davon überzeugt bin, dass meine Vorsätze und meine Ziele erstrebenswert sind, desto eher werde ich erreichen, was ich will, denn: »*Ich kann, wenn ich will.*«

Über den Autor

Dr. Harald Scheerer, emeritierter Professor für Angewandte Rhetorik, wurde 1920 in Staßfurt geboren (dort, wo dieses Buch gedruckt wurde) und wuchs in Frankfurt an der Oder und später in Bonn auf. Während des Krieges studierte er Betriebswirtschaftslehre in Köln und besuchte daneben die Schauspielschule. Bei der schauspielerischen Ausbildung lernte er, seine Stimme wirkungsvoll einzusetzen, was er später für seine Rhetorikseminare nutzte.

Harald Scheerer widmete sein ganzes Leben dem Umgang mit »Sprechen« – auf ganz unterschiedliche Weise. Nach Kriegsende arbeitete er als Dolmetscher für die amerikanischen Besatzungsbehörden, als Schauspieler und Regisseur, als Rundfunkredakteur sowie als Marketingleiter in unterschiedlichen Unternehmen, unter anderem bei Breuninger in Stuttgart.

1965 erhielt Harald Scheerer einen Lehrauftrag für Werbepsychologie an der Hochschule Pforzheim, anschließend am selben Institut einen Lehrstuhl für Absatzwirtschaft. Daneben veranstaltete er ab 1972 offene und Firmenseminare für Rhetorik und Führungsverhalten. In seiner Tätigkeit als Managementtrainer veröffentlichte Scheerer zahlreiche Bücher und auch DVDs.

Einem breiten Publikum bekannt wurde Harald Scheerer in den 1970er-Jahren als Moderator des Fernseh-Quiz *Wer dreimal lügt* In den 1990ern moderierte er die erfolgreiche WDR-Fernsehreihe *Reden müsste man können,* aus der dieses Buch entstand. Bis vor kurzem war Harald Scheerer als Rhetoriktrainer aktiv, als Autor arbeitet er heute noch und versteht es, wissenschaftliche Erkenntnisse und handfeste Praxiserfahrung miteinander zu verbinden.

Stichwortverzeichnis

Aggression 13, 19, 37, 40, 44, 51–53, 108
Äh-Sagen 70f.
Akustik 112
Angriff, persönlicher 13, 39, 128
Anrede der Zuhörer 87f.
Anschaulichkeit 94
Anspannung 68, 77, 81, 109
Arroganz der Macht 16, 123
Atmung 68

Beinhaltung 79
Beispiele 97
Beziehungsebene 17, 32, 46, 50, 72, 75–78, 82, 91, 94f., 123, 125, 127, 134, 143, 146, 154
Blamagemöglichkeiten 110
Blickkontakt 72, 74–76

Charisma 71

Denkblockade 108
Desinteresse 15
Du-Aussage 34f., 38, 42f., 127, 138, 152

Einführung ins Redethema 91
Einleitung von Vortrag oder Rede 88, 90f.
Empathisches Verhalten 21f., 27, 30
Eskalation 34, 43, 127

Fachsprache 93
Flucht 108
Formulierung, eindeutige 14
Formulierungen, abwertende 11
Formulierung, umkehrbare 31–33, 97, 126, 155
Fragen, rhetorische 97
Fragen, richtige 46
Fragen, richtig gestellte 46
Fragen, umkehrbare 46
Führen mit Worten 159

Gaumensegel 54f.
Gefühle, Umgang mit 22, 29, 44, 159
Gesellschaftsrede 85
Gesichtsausdruck 76, 78
Gesprächsausgang, vorherbestimmter 130
Gesten 82

Gliederung von Vortrag oder Rede 92f.

Hände, Haltung beim Reden 81
Hauptsätze 94
Hauptteil von Vortrag oder Rede 91–95, 97

Ich-Aussage 19, 34–44, 126f., 134–136, 141, 152, 159
Inhaltsziel 8, 11f., 14, 31, 50, 84

Kommunikation, unsymmetrische 122
Körperhaltung 79, 81f.
Körpersprachliche Signale 16

Lächeln 78
Lampenfieber 109
Lebenshaltung 12, 53, 135, 158
Leise sprechen 60, 115

Machtdiktat 6, 19, 34, 42, 122–128, 131, 138f., 141, 143f., 146, 149f., 152–156
Machtkonstellation 129
Mandelkern 53, 123
Manuskript, ausformuliertes 100f.
Meinungsbildende Rede 85
Mitarbeitermotivation 158
Monotones Sprechen 62
Nuscheln 58
Nutzen bringen 85, 96

Partnerfreundliche Rückmeldung 17f., 20, 44
Partnerfreundliches Einfühlen 21f., 27, 30
Partnerfreundlich überzeugen 134
Passiver Wortschatz 95, 100

Redeeinstieg 89f.
Respekt 13

Sachrede 85
Schlusspointe 99
Schluss von Vortrag oder Rede 98f.
Schriftdeutsch 94f., 100
Selbstentfaltung 158
Selbstwertgefühl 11f., 31, 34, 98, 123, 126, 128
Sieg, Folgen 15, 124, 129
Sprechpause 63, 65, 68–70, 74, 101
Standpunktformel 105
Steckenbleiben 115
Stegreifrede 105
Stichworte 103
Stimme 5, 51, 54f., 57f., 60–62, 72, 78, 112
Stimmung 76, 78
Stresshormone 108
Sympathiefeld 17

Technische Mängel 112

Übersichtlichkeit 92
Ultrakurzzeitgedächtnis 65f.
Umgangsdeutsch 94, 100
Unklare Mitarbeiteransprache 136

Verhaltensänderung 162
Vertrauen 30
Vorbereitung, falsche 110
Vorbereitung, ungenügende 110
Vorstellung des Redners 88

Weiterführender Satz 37, 39f., 127

Zielgruppe 85
Zuhörbereitschaft, Störung 49, 51, 57f., 60, 62, 79
Zuhören, sichtbares 17
Zuhörer, die den Raum verlassen 115
Zuhörer, unruhige 114
Zuhörziel 8, 12, 14, 50, 84
Zwischenrufe 113f.

Management – fundiert und innovativ

K. Friedrich, F. Malik, L. J. Seiwert
Das große 1x1 der Erfolgsstrategie
ISBN 978-3-86936-001-0
€ 24,90 (D) / € 25,60 (A) / sFr 42,90

Barbara Schneider
Fleißige Frauen arbeiten, schlaue steigen auf
ISBN 978-3-89749-912-6
€ 19,90 (D) / € 20,50 (A) / sFr 33,90

Hermann Scherer
Jenseits vom Mittelmaß
ISBN 978-3-89749-910-2
€ 49,00 (D) / € 50,40 (A) / sFr 7

Ingo Vogel
Top Emotional Selling
ISBN 978-3-86936-003-4
€ 19,90 (D) / € 20,50 (A) / sFr 33,90

Roger Rankel, Marcus Neisen
Endlich Empfehlungen
ISBN 978-3-89749-845-7
€ 24,90 (D) / € 25,60 (A) / sFr 42,90

Steven Reiss
Das Reiss Profile™
ISBN 978-3-86936-000-3
€ 29,90 (D) / € 30,80 (A) / sFr 4

H. Schäffner, S. Frädrich
So kommen Sie als Experte ins Fernsehen
ISBN 978-3-86936-002-7
€ 39,90 (D) / € 41,10 (A) / sFr 64,90

Connie Voigt
Interkulturell führen
ISBN 978-3-86936-004-1
€ 47,00 (D) / € 48,40 (A) / sFr 75,90

Ann Salerno, Lillie Brock
Change Cycle
ISBN 978-3-86936-007-2
€ 24,90 (D) / € 25,60 (A) / sFr 4

Weitere Informationen finden Sie unter www.gabal-verlag.de

(Ziel:)
① Zuhören leicht machen
+② abweichende Meinung ⎬ ⇒
    respektieren